Susan Sontag

L'AIDS E LE SUE METAFORE

L'AIDS E LE SUE METAFORE

Rileggendo, ora, *Malattia come metafora*,
ho pensato che:

1.

Alla parola metafora non intendevo assegnare altro significato che quello della piú antica e piú concisa definizione che io conosca, che si trova nella *Poetica* di Aristotele (1457b). «La metafora, – scriveva Aristotele, – consiste nell'attribuire a una cosa il nome che è proprio di un'altra». Dire che una cosa è o somiglia a qualcosa-che-non-è, è una operazione mentale antica quanto la filosofia e la poesia, ed è il terreno di coltura della maggior parte delle forme di conoscenza, compresa quella scientifica e quella dell'espressività. (Fu infatti per rendere atto di ciò, quando dieci anni fa scrissi la prefazione al mio polemico saggio contro le metafore della malattia, che usai un breve e febbrile fiorire di metafore, cosí da esorcizzare ironicamente le seduzioni del pensiero metaforico). Ovviamente, non ci è possibile pensare senza metafore, anche se ciò non significa che non esistano metafore che faremmo bene a evitare o cercare di non usare. Cosí come, per quanto non sia possibile una forma di pensiero che non sia interpretazione, non è detto che in alcuni casi sia sbagliato porsi «contro» l'interpretazione.

Prendiamo ad esempio una persistente metafora che ha plasmato (oscurandone la comprensione) tanta parte della vita politica di questo secolo, quella che ripartisce e polarizza gli atteggiamenti e i comportamenti sociali a seconda della loro relazione a una «sinistra» e una «destra». Di solito si fanno risalire i due termini alla Rivoluzione francese e alla disposizione dei seggi nell'Assemblea Nazionale nel 1789, quando repubblicani e radicali sedevano alla sinistra dell'incaricato alla presidenza, e monarchici e conservatori alla destra. Ma la sola memoria storica non può giustificare la sorprendente longevità di questa metafora. Pare invece piú probabile che la sua persistenza nel dibattito politico fino ai nostri giorni nasca da una tendenza tipica della immaginazione laica contemporanea a adoperare metafore tratte dal modo in cui il corpo si orienta nello spazio (destra e sinistra, alto e basso, avanti e indietro) per descrivere il conflitto sociale. L'uso di questa metafora ha in effetti aggiunto qualcosa di nuovo all'eterna descrizione della società come qualcosa di simile a un corpo, un corpo ben disciplinato guidato da un «capo». Questa è stata la metafora dominante per la conduzione del governo sin dai tempi di Platone e Aristotele, forse a motivo della sua utilità nel giustificare la repressione: ancor piú che paragonare la società alla famiglia, paragonarla a un corpo fa apparire inevitabile e immutabile un ordinamento sociale autoritario.

Rudolf Virchow, il fondatore della patologia cellulare, fornisce uno dei rari esempi scientificamente significativi del procedimento inverso, che consiste nell'usare metafore politiche per parlare del corpo. Nelle controversie biologiche degli anni '50 del secolo scorso, Virchow trovò utile la metafora dello stato liberale per esporre la sua teoria della cellula come unità fondamentale della vita. Per complessa che sia la loro struttura, gli organismi sono, anzitutto, semplicemente «pluricellulari» – «una comunità di cittadini», in un certo senso; il corpo è una «repubblica». Tra gli scienziati-retori, Virchow fu un dissidente, non da ultimo a causa della natura politica delle sue metafore che, giudicate secondo i criteri dominanti nella metà del XIX secolo, erano antiautoritarie. Tuttavia, il paragone tra corpo e società, sia essa liberale o non, è meno diffuso di quanto lo siano invece paragoni che raffrontano il corpo con altri sistemi complessi e integrati, come ad esempio una macchina o un'azienda.

Agli albori della medicina occidentale, in Grecia, alcune metafore importanti per definire l'unità del corpo venivano mutuate dalle arti. Molti secoli dopo, Lucrezio fece oggetto di scherno una di queste metafore, l'armonia. Sosteneva che essa non poteva rendere giustizia né al fatto che il corpo consiste di organi essenziali e inessenziali, né alla sua materialità: vale a dire della morte. Ecco i versi conclusivi con cui Lucrezio, nel *De rerum natura*, confuta la metafora musicale – il piú antico attacco che io conosca alla riflessione metaforica sulla malattia e sulla salute:

> Sí che tu possa riconoscere che non tutti gli elementi
> hanno un identico ruolo e la nostra sopravvivenza
> sostengono in modo eguale; ma di essi alcuni,
> i principî del vento e del calore,
> fanno sí che la vita duri nelle nostre membra.
> V'è dunque un calore e un soffio vitale
> che all'atto della morte ci abbandona.
> Da che la natura dello spirito si mostra
> come una parte del corpo umano,
> lascia ai musicanti il termine «Armonia»,
> che dall'alta Elicona scende a loro.
> Essi lo hanno forse ricavato altrove,
> e trasferito ad un oggetto senza nome.
> Come che sia, rendilo ai musicanti,
> e ascolta il resto del mio discorso.

Una storia della concezione metaforica del corpo cosí fortemente generalizzata, comprenderebbe molte immagini tutte prese a prestito dalle altre arti e dalla tecnologia, soprattutto dall'architettura. Alcune metafore non contribuiscono alla chiarificazione del loro oggetto: è il caso dell'idea poetica del corpo come tempio, espressa da san Paolo. Altre hanno una notevole risonanza scientifica, ad esempio quella del corpo come fabbrica – un'immagine del funzionamento del corpo sotto il segno della salute –, e quella del corpo come fortezza, metafora che prefigura invece un'eventuale catastrofe. L'immagine della fortezza ha una lunga genealogia prescientifica, in cui la malattia stessa è una metafora della condizione mortale, della fragilità umana e della vulnerabilità. John Donne, nel suo grande ciclo di «arie» in prosa sulla malattia, *Devotions upon Emergent Occasions* (1627), scritte quando pensava di morire, descrive la malattia come un nemico che invade, che cinge d'assedio il corpo-fortezza:

> Badiamo alla salute, al cibo e alle bevande, all'aria che respiriamo, all'esercizio fisico; tagliamo e levighiamo ciascuna pietra che va a finire in questo edificio; e cosí la nostra salute è un'opera che richiede tempo e regolarità. Eppure, in un solo istante, un cannone può abbattere tutto, rovesciare tutto e tutto distruggere. Una malattia imprevista dal nostro zelo, insospettata nonostante la nostra scrupolosità...

Alcuni organi sono piú deboli di altri: John Donne parla del cervello e del fegato e della loro capacità di sopportare l'assedio di una febbre «innaturale» o «ribelle» che invece «farebbe scoppiare il cuore, come una mina, in un attimo». Nelle immagini di Donne, è la malattia che invade. Si può dire che il pensiero medico moderno abbia invece inizio là dove la rozza metafora militare diviene specifica, il che può accadere solo con l'introduzione di un nuovo tipo di indagine, presente nella patologia cellulare di Virchow, e di una piú precisa comprensione del fatto che le malattie sono provocate da organismi specifici, identificabili e visibili (con l'aiuto del microscopio). Da quando l'invasore non è stato piú identificato con la malattia ma con il microrganismo che la provoca, la medicina ha davvero cominciato a essere efficace e le metafore militari hanno assunto nuova credibilità e precisione. Da allora, le metafore militari hanno ispirato in misura crescente la descrizione, in tutti i suoi aspetti, della patologia medica. La malattia è vista come un'invasione da parte di organismi estranei a cui il corpo reagisce con operazioni militari sue proprie, come la mobilitazione delle «difese» immunologiche – mentre i farmaci sono «aggressivi», come si riscontra nel linguaggio della maggior parte delle chemioterapie.

La metafora militare nella sua versione piú rozza, sopravvive nel sistema pubblico di educazione sanitaria, dove la malattia viene comunemente descritta in termini di invasione della società e gli sforzi per ridurre la mortalità da una data malattia sono chiamati lotta, battaglia, guerra. Le metafore militari divengono preponderanti all'inizio del secolo, con le campagne predisposte durante la prima guerra mondiale per educare la popolazione a difendersi dalla sifilide e poi, dopo la guerra, dalla tubercolosi. Un esempio, tratto dalla campagna contro la tubercolosi condotta in Italia negli anni '20, è costituito dal manifesto, chiamato «*Guerra alle mosche*», che illustra gli effetti letali delle malattie portate da questo insetto. Qui le mosche sono raffigurate come una squadriglia aerea nemica che sgancia bombe mortali su una popolazione inerme. Sulle bombe sono leggibili alcune scritte. Una dice «Microbi». Un'altra «Germi della tisi». Un'altra dice semplicemente «Malattia». Uno scheletro incappucciato e coperto da un nero mantello cavalca la mosca cocchiera. In un altro manifesto, «*Con queste armi sconfiggeremo la tubercolosi*», la figura della morte è inchiodata al muro da spade, ciascuna delle quali porta una scritta che indica un modo per combattere la tubercolosi. Su una lama è scritto «Pulizia»; sulle altre «Sole», «Aria», «Riposo», «Cibo sano», «Igiene». (Naturalmente nessuna di queste armi era di una qualche importanza. Ciò che sconfigge, ovvero guarisce, la tubercolosi sono gli antibiotici, che furono scoperti solo una ventina d'anni dopo, negli anni '40).

Là dove un tempo era il medico che conduceva il suo *bellum contra morbum*, la guerra contro la malattia, è subentrata oggi l'intera società. In verità, la trasformazione della guerra in pretesto di mobilitazione ideologica di massa ha reso utile l'uso del concetto di guerra come metafora per tutte quelle campagne per il progresso i cui obiettivi vengono descritti come la sconfitta di un «nemico». Abbiamo avuto guerre contro la povertà, oggi sostituite dalla «guerra alla droga», e guerre contro malattie specifiche, come il cancro. L'abuso della metafora militare sembra inevitabile in una società capitalistica, una società che riduce ogni giorno di piú la portata e la credibilità degli appelli a principî etici e nella quale si ritiene insensato non assoggettare le proprie azioni al calcolo dell'interesse individuale e del profitto. Fare la guerra è una delle poche attività che non si è tenuti a valutare «in modo realistico», vale a dire con l'occhio rivolto al costo e al risultato pratico. In regime di guerra totale, il costo è illimitato, sconsiderato, poiché la guerra è definita come un'emergenza in cui nessun sacrificio è eccessivo. Ma le guerre contro le malattie non sono solo appelli rivolti affinché si adoperi un maggiore zelo e si investa piú denaro nella ricerca. Questa metafora induce a rappresentare le malattie particolarmente temute come un «alieno», come lo sono i nemici nella guerra moderna. Il passo che dalla demonizzazione della malattia porta all'attribuzione della colpa al paziente è inevitabile, poco importa se i pazienti sono pensati come vittime. Il termine vittima suggerisce quello di innocenza. E l'innocenza, per l'inesorabile logica che regola tutti i termini di relazione, rinvia alla colpa.

Le metafore militari contribuiscono alla stigmatizzazione di certe malattie e, per estensione, dei malati. Ed è proprio l'aver scoperto come ai malati di cancro venga impresso un marchio di infamia che mi indusse a scrivere *Malattia come metafora*.

Dodici anni fa, quando scoprii di essere affetta da cancro, ciò che mi irritò particolarmente – e mi distrasse dal terrore e dalla disperazione che provai di fronte alla triste prognosi dei medici – fu il constatare quanto la reputazione di questa malattia aumentasse la sofferenza di quelli che ne sono colpiti. Molti pazienti con i quali parlavo durante la mia iniziale degenza in ospedale, come altri che avrei incontrato durante i successivi due anni e mezzo nei quali non vivevo in ospedale ma mi sottoponevo alla chemioterapia negli Stati Uniti e in Francia, manifestavano un senso di ripugnanza e una sorta di vergogna. Sembravano essere preda di fantasie sulla loro malattia, tentazione alla quale io riuscivo a sottrarmi. E mi venne in mente che alcune di queste idee erano di segno opposto rispetto alle opinioni, oggi per altro completamente screditate, che un tempo circolavano sulla tubercolosi. Mentre la tubercolosi veniva considerata in termini sentimentali, come un'esaltazione dell'identità, il cancro era invece considerato con una ripulsa irrazionale, come una diminuzione del sé. Circolavano anche fantasie analoghe sulla responsabilità soggettiva e la predisposizione caratteriale alla malattia: il cancro veniva visto come una malattia a cui le persone sconfitte psichicamente, chiuse, represse – specialmente quelle che avevano represso collera o pulsioni sessuali – erano particolarmente inclini, cosí come la tubercolosi è stata considerata per tutto il XIX secolo e l'inizio del XX (fino a quando, in effetti, fu scoperto il modo di curarla) come una malattia che colpiva gli ipersensibili, le persone di talento, i passionali.

Questi parallelismi – tra i miti intorno alla tubercolosi, che oggi abbiamo tutti superato, e le superstizioni intorno al cancro, alle quali molti pazienti malati di cancro e i loro familiari dànno ancora credito – mi fornirono la chiave principale per il breve saggio che decisi di scrivere sulle mistificazioni che lo circondano. Non ritenevo fosse utile – e io volevo essere utile – raccontare una volta di piú una storia in prima persona di come qualcuno che ha saputo di avere il cancro, abbia pianto, lottato, sia stato confortato, abbia sofferto, abbia ripreso coraggio... sebbene la mia fosse anche una storia analoga. Raccontarne, mi sembrava, sarebbe stato meno utile che illustrare astrattamente un'idea. Il piacere della narrazione lo avrei cercato in altri scrittori e, sebbene mi venissero in mente molti esempi tratti dalla letteratura sulla tubercolosi – la malattia affascinante – mi sembrò che il cancro fosse la malattia di coloro che non avrebbero potuto vivere in libri come *La morte di Ivan Ilič* di Tolstoj, *Riceyman Steps* di Arnold Bennett e il *Diario di un curato di campagna* di Bernanos.

E cosí scrissi il libro, in fretta, spinta da zelo evangelico e dall'ansia di sapere quanto tempo mi sarebbe rimasto per vivere e per scrivere. Il mio proposito era quello di alleviare la sofferenza non necessaria – esattamente come nella formulazione di Nietzsche in un brano tratto da *Aurora* che ho letto di recente:

> *I pensieri sulla malattia.* Tranquillizzare l'immaginazione del malato, che almeno non abbia a soffrire, come è accaduto fino ad oggi, piú dei suoi pensieri sulla malattia

che della malattia stessa, – penso che sia già qualche cosa. E non è poco! [1].

Lo scopo del mio libro era quello di tranquillizzare l'immaginazione, non di eccitarla. Non di conferire significato a qualcosa che è lo scopo tradizionale dell'impegno letterario, ma di sottrarne: applicare quella strategia donchisciottesca e altamente polemica, «contro l'interpretazione», al mondo reale. In questo caso, al corpo. Il mio intento era soprattutto pratico. Avevo infatti constatato piú di una volta che le bardature metaforiche che deformano l'esperienza dell'essere malati di cancro hanno conseguenze reali: impediscono ai malati di cercare la terapia con sufficiente tempestività o di fare uno sforzo maggiore per sottoporsi a una terapia adeguata. Le metafore e i miti, ne ero convinta, uccidono (ad esempio rendono i pazienti timorosi senza ragione nei confronti di misure efficaci come la chemioterapia, e incoraggiano fiducia infondata verso cure del tutto inutili come le diete e la psicoterapia). Desideravo offrire agli altri malati e alle persone loro vicine uno strumento per togliere forza a queste metafore, a queste inibizioni. Speravo di persuadere i malati sopraffatti dallo spavento a consultare i medici o a sostituire i loro medici incompetenti con altri, che avrebbero assicurato loro l'assistenza adeguata. Insomma, mi auguravo di indurli a considerare il cancro come se fosse solo una malattia, molto seria, ma pur sempre una malattia: non una maledizione, una punizione, un motivo di imbarazzo. Un fenomeno privo di «significato». E non necessariamente una condanna a morte (una delle mistificazioni è l'equazione cancro = morte). *Malattia come metafora* non è solo una polemica, è un'e-

[1] F. Nietzsche, *Aurora e frammenti postumi 1879-1881*, Adelphi, Milano 1964.

sortazione. Dicevo: fate in modo che i medici vi dicano la verità, siate dei pazienti informati e attivi, trovatevi una terapia adeguata perché la terapia adeguata esiste, nonostante la diffusa inettitudine. Anche se *la* cura non esiste, piú della metà dei casi guarisce con i metodi terapeutici esistenti.

Negli ultimi dieci anni, da quando scrissi *Malattia come metafora* – e guarii dal cancro, a dispetto del pessimismo dei miei medici – gli atteggiamenti verso il cancro hanno subíto un'evoluzione. Il cancro non è piú tanto un marchio d'infamia, creatore dell'«identità negata» (per usare l'espressione di Erving Goffman). La parola cancro è pronunciata con piú libertà e i morti per cancro non sono piú cosí spesso etichettati nei necrologi come morti dopo una «lunga malattia». Anche se i medici europei e giapponesi continuano regolarmente a rivelare la diagnosi di cancro prima alla famiglia, e consigliano spesso di nasconderla al paziente, i medici americani hanno praticamente abbandonato questa prassi: anzi, è diventato piuttosto comune annunciare la malattia senza troppi complimenti. La maggiore naturalezza con cui ora si parla di cancro fa parte di quell'assenza di decoro che è un atteggiamento oggi obbligato e che ci propone, in televisione e sulle prime pagine dei giornali, i diagrammi dei disturbi del tratto retto-colon o di quello genito-urinario dei nostri leader politici. Sempre di piú nella nostra società si va affermando come virtú il parlare di ciò che si ritiene *non* si debba nominare. Il mutamento si spiega, inoltre, con il timore da parte dei medici di incorrere in querele per negligenza in una società che ricorre sovente alla legge. Non ultima tra le ragioni che inducono a trattare il cancro in modo meno fobico, e comunque con minore riserbo rispetto a dieci anni fa, è poi il fatto che ha cessato di essere la malattia piú temuta. Negli ultimi anni parte del peso che gravava sul cancro è stato assunto da una malattia la cui carica di stigmatizzazione, la cui capacità di creare l'identità negata, è di gran lunga maggiore. Sembra che le società abbiano bisogno di una malattia da identificare con il Male, che ricopra di biasimo le proprie «vittime», ma che sia difficile essere ossessionati da piú di una malattia alla volta.

2.

Era prevedibile che l'avvento di questa nuova terribile malattia, nuova per lo meno in forma epidemica, fornisse un'ampia occasione per metaforizzare la malattia, proprio per il fatto di non essere stata ancora pienamente compresa e di essere estremamente refrattaria alla terapia.

In senso stretto, l'Aids (Acquired Immune Deficiency Syndrome) – la sindrome da immunodeficienza acquisita – non è affatto il nome di una malattia. È invece il nome di una situazione clinica, le cui conseguenze sono uno spettro di malattie. Contrariamente alla sifilide e al cancro, che forniscono i prototipi alla maggior parte di figure e di metafore collegate all'Aids, la stessa definizione di Aids richiede la presenza di altre malattie, le cosiddette infezioni opportunistiche e alcune forme di tumori. Ma sebbene in *questo* senso non sia un'unica malattia, l'Aids si presta ad essere considerata tale – in parte perché, a differenza del cancro e analogamente alla sifilide, si ritiene che abbia un'unica causa.

L'Aids ha una duplice genealogia metaforica. Visto come microprocesso viene descritto come il cancro: un'invasione. Quando l'attenzione si focalizza invece sulla trasmissione della malattia, si evoca una metafora piú vecchia, che richiama alla memoria la sifilide: la contaminazione (si contrae attraverso il sangue e le secrezioni sessuali di persone che ne sono contagiate, o da prodotti di sangue infetto). Ma le metafore militari impiegate per descrivere l'Aids si focalizzano in modo alquanto diverso da quelle utilizzate per descrivere il cancro. Nel caso del cancro, la metafora trascura l'elemento di causalità (che è pur sempre un punto oscuro nella ricerca sul cancro) e evidenzia il fatto che alcune cellule del corpo si modificano, per poi spostarsi da un luogo originario per invadere altri organi o apparati: una rivolta interna, insomma. Nella descrizione dell'Aids, invece, il nemico è ciò che provoca la malattia, un agente infettivo che viene dall'esterno:

> L'invasore è piccolissimo, sedicimila volte piú piccolo della capocchia di uno spillo... Gli esploratori del sistema immunitario del corpo, grandi cellule chiamate macrofagi, avvertono la presenza del minuscolo intruso e immediatamente mettono in stato di allarme il sistema immunitario. Quest'ultimo comincia a mobilitare uno schieramento di cellule che, tra le altre cose, producono anticorpi per affrontare la minaccia. Guidato da una determinazione monomaniacale, il virus dell'Aids ignora lungo il percorso molte delle cellule del sangue, elude i difensori che avanzano rapidamente, e si dirige verso il centro di comando del sistema immunitario, il linfocita T helper.

Questo è il linguaggio tipico della paranoia politica, caratterizzato dalla sfiducia nei confronti di un mondo pluralistico. Un sistema di difesa composto da cellule «che, tra le altre cose, produce anticorpi per affrontare la minaccia», non riesce, come è prevedibile, a competere con un invasore che avanza «guidato da una determinazione monomaniacale». E il sapore fantascientifico, già presente nel discorso sul cancro, si fa piú pungente quando si tratta di resoconti sull'Aids – quello citato è tratto dalla rivista «Time» della fine del 1986 – in cui il contagio è definito sul modello della guerra tecnologica alla quale veniamo preparati (e addestrati) grazie alle fantasie dei nostri leader, alla televisione e ai video-game. In un'era di «Guerre Stellari» e di «Visitors», l'Aids ha dimostrato l'esistenza di una malattia comprensibile sul piano immaginario:

> Sulla superficie del linfocita T helper, il virus trova un recettore al quale una proteina del suo involucro si lega perfettamente, come una chiave dentro una serratura. Si aggancia poi alla superficie del linfocita T helper e quindi penetra attraverso la membrana cellulare, liberandosi del suo guscio protettivo...

In seguito l'invasore fissa qui la propria dimora permanente, sotto forma di un'invasione aliena da racconto di fantascienza: le stesse cellule del corpo *diventano* l'invasore... Con l'aiuto di un enzima di cui il virus è dotato:

> il virus liberatosi del proprio guscio trascrive il proprio Rna in... Dna, la molecola chiave della vita. La molecola del virus quindi penetra nel nucleo della cellula, si inserisce in un cromosoma e assume il controllo del sistema di sintesi cellulare inducendolo a produrre piú virus dell'Aids. Infine, sopraffatta dal prodotto estraneo, la cellula scoppia e muore, liberando un gran numero di nuovi virus, i quali andranno ad attaccare altri linfociti T helper...

Nello stesso momento in cui i virus attaccano le altre cellule – continua la metafora – «un esercito di infezioni opportunistiche, normalmente tenute a bada da un sistema immunitario sano, attacca il corpo», la cui integrità e vigore sono peraltro stati minati da una vera e propria replicazione del «prodotto alieno», che segue al collasso delle difese immunologiche. «Progressivamente indebolita da tale assalto, la vittima di Aids muore, a volte dopo mesi, ma quasi sempre entro pochi anni dall'apparire dei primi sintomi». Quelli che non sono ancora morti sono ritratti come «sotto l'assalto della malattia, di cui mostrano i sintomi tipici», mentre milioni di altri «covano il virus, vulnerabili in qualsiasi momento a un attacco finale, definitivo».

Il cancro fa proliferare le cellule; nell'Aids, invece, le cellule muoiono. Anche se il modello originario dell'Aids (l'immagine speculare della leucemia) si è modificato, le descrizioni su come il virus agisce continuano a riecheggiare il modo in cui la malattia è percepita, cioè come elemento che si infiltra nella società. «*Virus dell'Aids scoperto nascosto nelle cellule: riesce a sottrarsi alle normali analisi*» era il titolo di un articolo apparso di recente in prima pagina su «The New York Times», che annunciava la scoperta che il virus può «acquattarsi furtivamente» per anni nei macrofagi – un altro tipo di globuli bianchi del sangue – impedendo la loro funzione di lotta alla malattia, senza ucciderli, «anche quando questi sono totalmente invasi dal virus fino a scoppiare» e senza produrre anticorpi, le sostanze chimiche con cui il corpo reagisce agli «agenti invasori», la cui presenza è stata considerata come un segnale infallibile della sindrome [1]. Che il virus non sia letale per *tutte* le cellule in cui dimora, come a tutt'oggi si ritiene, aumenta semplicemente la fama di astuzia e invincibilità che circonda la malattia-nemico.

[1] Il piú ampio ruolo assegnato ai macrofagi – di fungere cioè da serbatoio del virus dell'Aids perché il virus si replica all'interno di esse ma non le uccide (uccide invece i linfociti T helper) – serve a spiegare la non insolita difficoltà di trovare linfociti T helper infetti in pazienti che hanno anticorpi contro il virus e sintomi di Aids (comunque tuttora si suppone che gli anticorpi si sviluppino una volta che il virus si amplifica nei suoi bersagli cellulari). La comparsa di popolazioni di cellule infette è stata cosí confusamente limitata o irregolare come la manifestazione di contagio tra le popolazioni delle società umane – confusamente, a causa della convinzione che la malattia è dovunque e si può diffondere. «I medici hanno stimato che solo un linfocita T helper su un milione è infetto, il che porta a chiedersi dove si nasconda il virus...» Un'altra riflessione appare nello stesso articolo («The New York Times», 7 giugno 1988): «I macrofagi infetti possono trasmettere il virus alle altre cellule, forse solamente con il semplice contatto».

Ciò che rende cosí terribile l'assalto virale è che la contaminazione, e quindi la vulnerabilità, si considera permanente. Anche se chi ne fosse contagiato non manifestasse mai alcun sintomo – vale a dire se l'infezione fosse inattiva o se potesse essere resa tale con un intervento medico – il nemico virale rimarrebbe per sempre. Infatti, cosí almeno si crede, è solo una questione di tempo: prima o poi qualcosa lo risveglierà, lo «innescherà» e compariranno i «sintomi rivelatori». Analogamente alla sifilide, nota a generazioni di medici come la «grande ingannatrice», l'Aids è una ricostruzione clinica, una inferenza. Acquista la propria identità dalla presenza di *qualcuno* dei sintomi che l'Aids è capace di procurare (nessuno li manifesta tutti), sintomi che «indicano» che la malattia *è* questa. La ricostruzione della malattia si basa sulla scoperta come entità clinica non solo dell'Aids ma anche di una forma minore di Aids, il cosiddetto complesso legato all'Aids (Arc = Aids - Related Complex) che si attribuisce a coloro che manifestano i «precoci» e spesso intermittenti sintomi di deficienza immunologica, come ad esempio febbri, perdita di peso, infezioni da funghi, ghiandole linfatiche gonfie. L'Aids è progressiva, una malattia legata al tempo. Nel momento in cui si raggiunge una certa frequenza e intensità di sintomi, il corso della malattia può essere rapido e conduce ad atroci sofferenze. Al di là del piú consueto modo di manifestarsi di queste malattie (alcune finora insolite, almeno in forma letale, come ad esempio un raro cancro della pelle e una rara forma di polmonite) una pletora di sintomi che disabilitano, che degradano e umiliano rendono il paziente affetto da Aids piú debole, indifeso e incapace di controllare o badare ai propri bisogni elementari.

L'Aids è una malattia lenta, e questo la rende piú simile alla sifilide, caratterizzata da una serie di «stadi», che non al cancro. Riferendosi all'Aids, è fondamentale parlare di «stadi». La forma piú temibile di sifilide è la «sifilide terziaria», la sifilide al terzo stadio. Per Aids si intende generalmente l'ultimo di tre stadi – il primo dei quali è il contagio da virus dell'immunodeficienza umana (Hiv = Human Immunodeficiency Virus) con le iniziali tracce di irruzione nel sistema immunologico. Segue poi un lungo periodo di latenza tra il contagio e l'insorgenza dei sintomi «rivelatori» (apparentemente non cosí lungo come nella sifilide, in cui il periodo di latenza tra la malattia secondaria e terziaria può essere anche di alcuni decenni. Val la pena notare che quando la sifilide apparve per la prima volta in forma epidemica in Europa, si trattava di una malattia rapida, di inspiegabile e oggi sconosciuta virulenza, in cui la morte sopraggiungeva spesso al secondo stadio, a volte entro alcuni mesi o pochi anni). Il cancro *si sviluppa* lentamente: non si ritiene che abbia un lungo periodo di latenza. (Un convincente resoconto di un processo in termini di «stadi» sembra comprendere come elemento imprescindibile la nozione di ritardo normativo o arresto del processo di cui il concetto di latenza è un esempio). Il cancro, è vero, si presenta «per stadi». Questo è un importante strumento di diagnosi: lo si classifica in base alla gravità, determinando quanto sia «avanzato». Ma è soprattutto un concetto spaziale: il cancro avanza lungo il corpo, viaggiando o migrando su strade prevedibili. Il cancro è prima di tutto una malattia della geografia del corpo, in contrapposizione alla sifilide e all'Aids, la cui definizione dipende da una sequenza temporale di stadi.

La sifilide era una malattia che non necessariamente doveva compiere il suo completo e terribile decorso fino alla paralisi (come successe a Baudelaire, a Maupassant e a Jules de Goncourt), ma poteva rimanere – come spesso accadeva – allo stadio di fastidio, di offesa alla propria dignità (come successe a Flaubert). Era un luogo comune considerarla un flagello, come osservò lo stesso Flaubert. Alla voce «sifilide» del suo *Dictionnaire des idées reçues*, il repertorio dei luoghi comuni del XIX secolo, si legge: «Sifilide. Ce l'hanno tutti, piú o meno». E la sifilide riuscí davvero ad essere associata a qualcosa di oscuramente positivo nell'Europa di fine '800 e inizio '900, quando si stabilí un collegamento diretto tra essa e un'intensa («febbrile») attività emotiva, che fa da parallelo al rapporto che si era stabilito, sin dal tempo degli scrittori romantici, tra la tisi e l'intensa attività emotiva. Quasi per onorare gli insigni scrittori e artisti sifilitici che terminarono i loro giorni dementi, si arrivò a credere che le lesioni cerebrali provocate dalla neurosifilide potessero effettivamente ispirare originalità artistica o di pensiero. Thomas Mann, la cui narrativa è una miniera di miti sulla malattia dell'inizio di questo secolo, fa di questo concetto della sifilide come musa l'idea centrale del suo *Doctor Faustus*, che ha come protagonista un grande compositore il cui atto di contrarre volontariamente la sifilide – il diavolo gli garantisce che l'infezione si limiterà al sistema nervoso centrale – gli assicura ventiquattro anni di incandescente creatività. E. M. Cioran ricorda, alla fine degli anni '20 in Romania, come appariva, nelle sue aspettative adolescenziali di onori letterari, l'invidia della sifilide: avrebbe scoperto di aver contratto la sifilide, sarebbe stato ricompensato con parecchi anni di feconda genialità e sarebbe poi precipitato nella follia. Questa romanticizzazione della demenza caratteristica della neurosifilide è stata il precursore della fantasia ancora piú persistente, tipica di questo secolo, che vede la malattia mentale come fonte di creatività artistica o di originalità spirituale. Ma con l'Aids – anche se la demenza costituisce un comune sintomo dell'ultimo stadio – non è sorta, né sembra probabile che possa sorgere, nessuna mitologia compensativa.

L'Aids, come il cancro, non permette la romanticizzazione o la sentimentalizzazione, forse perché è troppo forte l'associazione di questa malattia con la morte. Nel film *Spiral* (1978) di Krzysztof Zanussi – il resoconto piú credibile che io conosca riguardo la collera che si prova di fronte alla morte – la malattia del protagonista non è mai dichiarata, perciò *deve* essere il cancro. Ormai, da molte generazioni, l'idea astratta di morte è una morte per cancro, e una morte per cancro è sentita come una sconfitta in generale. E ora, sempre in generale, il rimprovero rivolto alla vita e alla speranza è l'Aids.

3.

A causa delle innumerevoli fioriture metaforiche che hanno reso il cancro sinonimo del male, contrarre il cancro è stato esperito da molti come qualcosa di vergognoso, dunque da nascondere, e anche come qualcosa di ingiusto, un tradimento commesso dal proprio corpo. «Perché proprio a me?», esclama con amarezza il malato di cancro. Con l'Aids, la vergogna è legata a una imputazione di colpa; e il motivo dello scandalo non è affatto difficile da comprendere. Pochi, in questo caso, si chiedono «Perché proprio a me?» La maggior parte delle persone con l'Aids, ad eccezione di quelle che vivono nell'Africa sub-sahariana, sanno (o credono di sapere) come l'hanno contratta. Non è una afflizione misteriosa che sembra colpire in modo casuale. Anzi, finora contrarre l'Aids vuol dire proprio rivelare, nella maggioranza dei casi, di appartenere a un certo «gruppo a rischio», a una comunità di paria. La malattia rende esplicita un'identità che avrebbe potuto rimanere nascosta ai vicini, ai colleghi, ai familiari, agli amici. Essa conferma un'identità; tanto che, tra il gruppo a rischio piú duramente colpito da principio negli Stati Uniti, gli omosessuali maschi, non solo è stata un'esperienza che ha isolato e ha esposto i malati alla persecuzione, ma ha pure contribuito a creare un senso di comunità.

Anche contrarre il cancro è a volte inteso come una colpa per aver ceduto a un comportamento «pericoloso»: gli alcolizzati con il cancro all'esofago e i fumatori con il cancro ai polmoni sono puniti per aver vissuto in maniera malsana (a differenza di coloro che invece sono obbligati a fare lavori pericolosi, come l'operaio di una fabbrica petrolchimica che viene colpito da cancro alla vescica). In misura sempre crescente si ricercano collegamenti tra i principali organi, o apparati, e le pratiche specifiche che la gente dovrebbe abbandonare: si pensi alle recenti congetture che associano il cancro al colon e quello al seno a diete ricche di grassi animali. Ma le abitudini poco sane associate al cancro, o ad altre malattie (anche le cardiopatie, finora poco colpevolizzate, sono già ampiamente considerate come il prezzo da pagare per gli eccessi commessi nella dieta e nello «stile di vita») sono il risultato di una mancanza di volontà o di prudenza, oppure di una dipendenza da prodotti chimici il cui uso è legalmente consentito (sebbene siano molto dannosi), ma il comportamento insano che provoca l'Aids viene considerato come qualcosa di piú che semplice debolezza. È indulgenza, negligenza, ossia dipendenza da prodotti chimici illegali e da comportamenti sessuali ritenuti devianti.

La trasmissione per via sessuale di questa malattia, vista dai piú come una calamità che ci si procura da sé, viene giudicata piú severamente rispetto alle altre forme di trasmissione – soprattutto in quanto l'Aids è considerata come una malattia dovuta non solo all'eccesso sessuale, ma alla perversione. (Mi riferisco, ovviamente, agli Stati Uniti, dove attualmente si dice alla gente che la trasmissione per via eterosessuale è estremamente rara e improbabile – come se l'Africa non esistesse). Una malattia infettiva il cui principale mezzo di trasmissione è di tipo sessuale sottopone inevitabilmente a maggiore rischio le persone che sono sessualmente piú attive, ed è facile considerarla una punizione per tale attività. Se è vero per la sifilide, lo è ancora di piú per l'Aids, poiché non è solo la promiscuità, ma una specifica «pratica» sessuale, ritenuta innaturale, che è dichiarata piú rischiosa. Si ritiene che *chi* contrae una malattia attraverso una pratica sessuale è piú responsabile, per cui merita maggiore biasimo; mentre i tossicodipendenti che contraggono la malattia scambiandosi siringhe infette sono responsabili tutt'al piú di commettere (o portare a termine) una sorta di suicidio involontario. A dir la verità, gli omosessuali maschi che praticano un'intensa promiscuità nella convinzione illusoria (incoraggiata dalla ideologia medica che vede negli antibiotici la panacea universale) della relativa inoffensività di tutte le malattie trasmesse sessualmente, potrebbero essere considerati come edonisti incalliti – sebbene sia ora chiaro che il loro è un comportamento suicida in misura non certo minore. Ma coloro che, come gli emofiliaci e le persone che si sottopongono a trasfusioni di sangue, non possono essere considerati neppure lontanamente responsabili della propria malattia, possono ciò nonostante essere altrettanto crudelmente ostracizzati da gente spaventata: rappresentano, potenzialmente, una minaccia maggiore perché, a differenza di quelli già marchiati, non è cosí facile identificarli.

Le malattie infettive a cui si attribuisce una colpa di natura sessuale, inducono sempre timori di facile contagio e strane fantasie sulla trasmissione con mezzi non venerei in luoghi pubblici. L'eliminazione delle maniglie e l'installazione di porte prive di battente sulle navi della marina militare statunitense, nonché la scomparsa dei boccali di metallo dalle fontane pubbliche negli Stati Uniti, ai primi decenni di questo secolo, furono le prime conseguenze della «scoperta» del «contagio trasmesso in modo innocente» della sifilide; e l'avvertimento dato a generazioni di bambini borghesi di sedersi sui gabinetti pubblici solo dopo avervi sistemato sopra della carta igienica, è un'altra traccia di quelle storie dell'orrore sull'idea che i germi della sifilide vengono trasmessi ai buoni dai cattivi, storie che una volta erano molto diffuse e ancora oggi godono di ampio credito. Tutte le malattie epidemiche molto temute, ma in particolare quelle associate alla libertà di costumi sessuali, determinano una distinzione preoccupante tra i portatori putativi della malattia (che di solito non significa nient'altro che i poveri e, negli Stati Uniti, la gente di colore) e le persone definite – la definizione è data dagli operatori sanitari e da altri burocrati – come la «popolazione normale». L'Aids ha fatto rivivere simili fobie e paure di contaminazione tra la «sua» versione di «popolazione normale»: gli eterosessuali maschi bianchi che non si drogano, o che non hanno relazioni sessuali con i drogati. Come la sifilide, l'Aids è la malattia degli individui pericolosi, o contratta da individui pericolosi; affligge, in proporzioni certo maggiori di quanto sia mai avvenuto per la sifilide, gli individui già marchiati d'infamia. La sifilide, però, non veniva considerata come una malattia che conduce a una morte certa dopo una prolungata agonia, come si immaginava una volta per il cancro e oggi per l'Aids.

Il fatto che l'Aids non sia una singola malattia, ma una sindrome, una quantità apparentemente imprecisabile di malattie che contribuiscono a determinarla e che nel loro insieme costituiscono la malattia stessa (ovvero permettono di stabilire che il paziente ne è affetto), la rende tutto sommato frutto di una definizione o di una interpretazione piú di quanto si verifichi nel caso di una malattia pur complessa e multiforme come il cancro. Invero, la tesi secondo cui la sindrome sia in tutti i casi letale, dipende anche da ciò che i medici hanno deciso di definire come Aids, avendo essi lasciato da parte, e come cose ben distinte, gli stadi iniziali della malattia. Questa stessa decisione si basa poi su un concetto non meno primitivamente metaforico di quello della malattia in fase di «maturazione completa» (o di «completo sviluppo»)[1].

In «maturazione completa» la malattia è inevitabilmente mortale. Cosí come ciò che è immaturo è destinato a diventare maturo, parimenti ciò che è appena sbocciato è destinato a una fioritura completa (e gli esseri implumi a diventare completamente piumati): la metafora botanica o zoologica dei medici fa sí che lo sviluppo o l'evoluzione verso l'Aids diventi la norma, la regola. Non voglio dire che la metafora crei il concetto clinico: sostengo invece che non si limita a sanzionarlo, ma fa molto di piú. Fornisce un supporto a una interpretazione della manifestazione clinica che è lontana dall'essere dimostrata o anche solo dimostra-

[1] La definizione standard distingue le persone con la malattia o sindrome «che soddisfano i criteri per essere sottoposti a un regime di sorveglianza dell'Aids» da un piú ampio numero di persone contagiate dall'Hiv e che ne mostrano i sintomi «ma che non soddisfano i criteri empirici della malattia in maturazione completa. Questa costellazione di segni e di sintomi, nell'ambito dell'infezione da Hiv, è stata denominata "complesso legato all'Aids" (Arc)». Seguono poi le percentuali d'obbligo. «Viene stimato che circa il 25 per cento circa dei pazienti con l'Arc manifesteranno la malattia in maturazione completa entro 3 anni» [Harrison, *Principles of Internal Medicine* 11ª edizione (1987), p. 1394]. La condizione denominata Aids, la prima malattia grave conosciuta con un acronimo, non ha, in un certo senso, confini naturali. È una malattia la cui identità si è stabilita per scopi investigativi, con una catalogazione e regole di osservazione determinate dalla burocrazia della sanità. Da qui, dunque, l'equazione spontanea, nei libri di medicina, tra ciò che è empirico e ciò che concerne il quadro generale di gestione della malattia, due concetti che derivano da modelli di approccio completamente diversi. (L'Aids è l'unica malattia che soddisfa entrambi i criteri impliciti; quello «per la definizione di sorveglianza», e quello «empirico»: ovvero l'infezione da Hiv piú la presenza di una o piú malattie comprese nella lista redatta dal principale curatore della definizione della malattia negli Stati Uniti, i Centers for Disease Control, ente federale con sede ad Atlanta). Questa definizione – del tutto convenzionale – influenza in maniera determinante, con la sua metafora della malattia che matura, il modo in cui essa viene considerata.

bile. È ancora troppo presto per arrivare alla conclusione – trattandosi di una malattia identificata solo sette anni fa, – che il contagio determinerà sempre effetti letali, o anche che chiunque sia affetto da ciò che è definito Aids morirà per questa malattia. (Secondo alcuni osservatori, gli impressionanti tassi di mortalità potrebbero essere la conseguenza dei precoci e generalmente rapidi decessi dei soggetti piú vulnerabili al virus – a causa, tra i fattori possibili, di una ridotta capacità immunitaria o di una predisposizione genetica – e non le devastazioni provocate da un contagio che ha effetti sempre mortali). La suddivisione della malattia in stadi distinti era l'unico modo per rendere efficace la metafora della «completa maturazione della malattia». Ma ha anche leggermente indebolito il concetto di inevitabilità suggerito dalla metafora. Coloro i quali giustamente non vogliono ancora pronunciarsi sul grado di mortalità che il contagio potrà avere, potrebbero usare la consueta classificazione delle tre possibilità – l'infezione da Hiv, il complesso legato all'Aids (Arc) e infine l'Aids – per puntare su una delle due possibilità o su entrambe: la meno catastrofica, che prevede che *non* tutte le persone infette «progrediranno» o «supereranno» lo stadio dell'infezione da Hiv, e la piú catastrofica che prevede invece che ciò accadrà a tutti.

È la lettura piú catastrofica, quella sulla manifestazione della malattia che per qualche tempo ha dominato il dibattito intorno alla malattia, il che vuol dire che stiamo assistendo a un mutamento della nomenclatura. Autorevoli amministratori del modo in cui la malattia viene percepita hanno stabilito che non ci dovranno piú essere false rassicurazioni derivanti dall'uso di sigle diverse per i diversi stadi (sarebbero comunque rassicurazioni minime).

Alcune recenti proposte di riformulare la terminologia – per esempio, di eliminare gradualmente la categoria di Arc – non compromettono la ricostruzione in stadi della malattia, ma accentuano ulteriormente la *continuità* del decorso della malattia. «La completa maturazione della malattia» è vista oggi come ancora piú inevitabile, e ciò non fa che rafforzare il fatalismo già imperante [1].

Sin dall'inizio, l'interpretazione della malattia dipendeva da categorie che separavano un gruppo di persone da un altro – i malati dai sani, gli individui affetti da Arc da quelli affetti da Aids, noi da loro – ma al tempo stesso già implicava lo scioglimento imminente di tali distinzioni. Anche se non esplicite, le previsioni suonavano comunque fatalistiche. In questo modo i frequenti pronunciamenti degli specialisti dell'Aids e dei funzionari della pubblica sanità sulle probabilità delle persone infette dal virus di precipitare verso la forma di «maturazione completa» della malattia sono apparse soprattutto come una prova di abilità nella conduzione dell'opinione pubblica, somministrando le

[1] La Commissione presidenziale del 1988 sull'epidemia, raccomandò di «ridimensionare» l'uso del termine Arc perché «tende a oscurare gli aspetti di minaccia mortale di questo stadio della malattia». Si fanno pressioni affinché si abbandoni anche il termine Aids. Nel rapporto della Commissione veniva intenzionalmente usato l'acronimo Hiv per l'epidemia stessa, come conseguenza della variazione raccomandata nella terminologia da «controllo della malattia» a «controllo del contagio». E di nuovo, una delle motivazioni addotte è che l'attuale terminologia maschera la reale gravità della minaccia. («Questa continua concentrazione sulle manifestazioni cliniche dell'Aids piuttosto che su tutti gli stadi dell'infezione da Hiv [ad esempio, dal contagio iniziale, allo stadio asintomatico della reazione positiva degli anticorpi, a quello di piena maturazione dell'Aids] ha avuto l'effetto involontario di fuorviare il pubblico per ciò che riguarda il grado di contagio nella popolazione...»). Sembra probabile che verrà alla fine dato un nome nuovo alla malattia. *Questo* mutamento della nomenclatura giustificherebbe ufficialmente la prassi di annoverare gli individui infetti, ma asintomatici, tra i malati.

informazioni strazianti a piccole dosi. Le stime sulla percentuale delle persone che si prevede possano manifestare entro cinque anni sintomi tali da classificarli come soggetti affetti da Aids, che potrebbero anche rivelarsi troppo basse – fino a questo momento la cifra si aggira dal 30 al 35 per cento – sono costantemente seguite dall'affermazione che, «nella grande maggioranza», «probabilmente in tutti i casi» chi ne è contagiato alla fine si ammalerà. La cifra rilevante, dunque, non è la percentuale di persone che sono verosimilmente soggette a sviluppare l'Aids entro un lasso di tempo relativamente breve, ma l'intervallo *massimo* che può intercorrere tra l'infezione da Hiv (definita permanente e irreversibile) e la comparsa dei primi sintomi. Man mano che aumentano gli anni trascorsi dall'individuazione alla manifestazione della malattia in forma epidemica (sette anni fino a oggi), aumenta anche il numero possibile di anni che si prevede possano intercorrere tra il momento del contagio e l'insorgenza della malattia (si ritiene infatti che possa oscillare tra i dieci e i quindici anni). Questo intervallo, che continuerà presumibilmente ad essere rivisto al rialzo, contribuisce notevolmente a mantenere la definizione di Aids come malattia inesorabile, sempre mortale.

Credere che in tutti coloro che «covano» il virus, insorgerà infine la malattia, ha come conseguenza ovvia che i sieropositivi siano considerati malati di Aids in cui semplicemente la malattia non è *ancora* manifesta. È solo una questione di tempo, come per tutte le condanne a morte. Ciò che è meno ovvio è che i sieropositivi siano spesso considerati già *malati*. Essere sieropositivi (è questo il termine con cui si intende che si è stati sottoposti ad analisi che hanno rivelato non la presenza del virus, ma degli anticorpi al virus stesso) equivale, in misura sempre crescente, a essere considerati affetti da Aids. Essere infetto *significa* essere malato, da quel momento in poi. «Infetto ma non malato», questa preziosa affermazione di clinica medica (il corpo «cova» molte infezioni), comincia a essere sostituita da concetti biomedici, che, qualunque sia la loro giustificazione scientifica, si aggiungono al riaccendersi della logica antiscientifica della contaminazione, e rendono il concetto di infetto-ma-sano una contraddizione in termini. Essere malati, in questa nuova accezione, può avere molte conseguenze pratiche. Qualora si appuri la loro condizione, i sieropositivi perdono il proprio posto di lavoro (benché non sia legalmente possibile negli Stati Uniti licenziare qualcuno per questa ragione), per cui la tentazione di celare la sieropositività deve essere certamente enorme. Le conseguenze di questa condizione sono ancora piú punitive per quei settori della popolazione – per altro destinati ad aumentare – cui il Governo ha già reso obbligatorio sottoporsi alle analisi. Il Ministero della Difesa statunitense ha annunciato che i militari sieropositivi saranno allontanati «da impieghi delicati e stressanti» poiché è stato dimostrato che la semplice infezione dal virus, in assenza di altri sintomi, produce lievi alterazioni delle capacità intellettive in un limitato, ma significativo, numero di casi. (La testimonianza riportava che le valutazioni piú basse ottenute in alcuni test neurologici a cui erano stati sottoposti soggetti sieropositivi, potrebbero riflettere un indebolimento psichico dovuto all'esposizione al virus, sebbene quasi tutti i medici pensino che questo sia estremamente improbabile, o potrebbe dipendere – come è stato ufficialmente riconosciuto nel corso di indagini – «dalla collera, dalla depressione, dalla paura e dal panico» delle persone che hanno appena saputo di essere sieropositivi). Inoltre, naturalmente, adesso ai sieropositivi non è permesso immigrare in qualsiasi luogo.

In ogni altra precedente epidemia di natura infettiva, l'epidemia equivale al numero di casi classificati. Per quanto riguarda l'Aids invece, alla cifra dei casi *oggi* accertati si aggiunge quella assai piú alta di coloro che, apparentemente sani, (esteriormente sani, ma condannati) sono in realtà infetti. Queste valutazioni numeriche sono soggette a continue modifiche, mentre si fanno pressioni affinché i contagiati siano identificati ed etichettati. I piú aggiornati metodi di analisi biomedica creano una nuova classe di paria a vita, i futuri malati. Ma il risultato di questa radicale espansione del concetto di malattia, prodotto dai successi della moderna indagine medica, appare anche in una certa misura una regressione verso quel passato, precedente l'era del trionfalismo della medicina, in cui le malattie erano innumerevoli e misteriose, mentre l'evoluzione dall'essere gravemente malati alla morte era considerato del tutto normale (e non, come adesso, un errore o un insuccesso della medicina, destinato a essere corretto). L'Aids – che fa sí che i malati siano considerati tali prima di esserlo realmente; che produce un numero apparentemente imprecisato di sintomi-malattie; che riduce gli sforzi terapeutici a meri palliativi; e che conduce molti a una morte di tipo sociale ancora prima di quella fisica – l'Aids, dicevo, ripristina qualcosa che si può assimilare a un'esperienza premoderna della malattia, come quella descritta nelle *Devotions* di Donne, in cui «tutto ciò che altera il buon funzionamento di una facoltà è una malattia», che ha inizio quando noi siamo

> già enormemente afflitti da questi dubbi e sospetti e dal timore della malattia, prima ancora di poterla chiamare tale. Non siamo sicuri di essere malati; una mano chiede all'altra di tastarle il polso e l'occhio guarda al colore dell'orina... siamo tormentati dalla malattia e non possiamo far altro che attenderne i tormenti...

la cui dolorosa estensione a tutto il corpo rende illusoria la vera e propria cura, in quanto ciò che per la verità «non è altro che un accidente, un sintomo della malattia, è cosí acuto che il medico deve dedicarsi ad esso» anziché «alla cura della malattia stessa»; e la conseguenza è l'abbandono:

> Cosí come la malattia è la sventura piú grande, allo stesso modo la piú grande sventura della malattia è la solitudine. Quando la contagiosità della malattia impedisce l'assistenza e la visita, e anche il medico osa a mala pena farsi vedere... è una messa al bando, una scomunica del paziente...

Nella medicina premoderna, la malattia è descritta come se fosse esperita in modo intuitivo, come un rapporto tra l'interno e l'esterno: una sensazione interiore o qualcosa che si può scorgere sulla superficie del corpo, a vista (o appena al di sotto, tramite l'auscultazione o la palpazione) che trova conferma quando l'interno si apre alla vista (nella chirurgia e nell'autopsia). La medicina moderna è invece caratterizzata da nozioni assai piú complesse di ciò che si può osservare dentro il corpo: non solamente gli effetti della malattia (gli organi danneggiati), ma la sua origine (i microrganismi). Non solo: anche la tipologia della malattia è assai piú complicata.

Nella ormai remota epoca in cui si praticavano diagnosi rudimentali, dalla visita scaturiva un verdetto, la cui immediatezza dipendeva dalla volontà di parlare del medico. Oggi, invece, sottoporsi a una visita equivale a sottoporsi a delle analisi, il che comporta il trascorrere di un certo intervallo di tempo che, dato l'ormai altissimo numero anche delle piú particolari analisi cliniche, può estendersi fino ad alcune settimane: uno straziante rinvio, per chi si aspetta di sentirsi decretare la propria condanna a morte o la propria assoluzione.

Molti dimostrano una certa reticenza nel sottoporsi agli esami per paura della sentenza, per la paura di venire collocati in una lista che può determinare una futura discriminazione o anche peggio, e infine per fatalismo (che beneficio se ne trae?). L'utilità dell'autoanalisi per una individuazione preventiva di certe forme comuni di cancro, quelle che hanno meno probabilità di essere mortali se curate prima che raggiungano uno stadio avanzato, è ormai ampiamente compresa. Ma l'individuazione preventiva di una malattia ritenuta inesorabile e incurabile non apporta alcun vantaggio.

Come altre malattie che sollevano sentimenti di vergogna, l'Aids è spesso tenuta nascosta, ma non al paziente. Una volta una diagnosi di cancro veniva spesso taciuta ai pazienti dai familiari: oggi una diagnosi di Aids è almeno altrettanto spesso taciuta ai familiari dai pazienti. E cosí come avviene per altre malattie gravi considerate qualcosa di piú che non semplici malattie, molte persone colpite da Aids sono attratte da terapie generiche anziché specifiche, ritenute inefficaci o troppo dannose (il disprezzo della medicina efficace, scientifica, per il suo offrire terapie anche tossiche che sono *solamente* specifiche per la malattia trattata, è una ricorrente ed errata interpretazione da parte di persone che si considerano libere da pregiudizi). Questa scelta rovinosa viene ancora operata da persone affette da cancro, malattia che la chirurgia e i farmaci possono spesso guarire. Una prevedibile commistione di superstizione e rassegnazione conduce alcuni fra i pazienti affetti da Aids a rifiutare la chemioterapia antivirale, che, in assenza di una vera e propria cura, ha rivelato una qualche efficacia (nel rallentare l'avanzamento della sindrome e nel ritardare alcune comuni malattie correlate), anziché cercare di guarirsi da sé, spesso sotto i favorevoli auspici di un qualche guru della «medicina alternativa». Ma sottoporre un corpo emaciato all'opera di purificazione di una dieta macrobiotica, ha piú o meno la stessa utilità, nel curare l'Aids, di un salasso, la terapia medica «olistica» d'elezione al tempo di John Donne.

4.

Dal punto di vista etimologico, «paziente» vuol dire «persona che soffre, che sopporta». Non è la sofferenza in quanto tale che è profondamente temuta, bensí la sofferenza che umilia.

Che la malattia possa essere non solamente l'epica della sofferenza, ma l'occasione per un certo tipo di autotrascendenza, è un'affermazione che ritroviamo nella letteratura romantica e, in modo piú convincente, nei resoconti di alcuni medici-scrittori. Ci sono alcune malattie che rispetto ad altre si adattano maggiormente a questo tipo di riflessione. Oliver Sacks, ad esempio, si serve delle piú gravi psicopatologie per i suoi ritratti di sofferenza e autotrascendenza, di abbattimento ed esaltazione. Il suo grande precursore, Sir Thomas Browne, si serví della tubercolosi per uno scopo analogo nello speculare sulla malattia in generale. In *A Letter to a Friend, Upon Occasion of the Death of his Intimate Friend* (1657), egli esprime un pensiero pre-romantico su alcuni degli stereotipi piú noti sulla tisi: essa sarebbe un modo particolare di essere malati («essendo questa una malattia lenta») e un modo distintivo di morire («la sua dolce morte»). E le invenzioni sulla soavità o naturalezza di queste morti – di fatto, morire di tubercolosi era spesso penoso ed estremamente doloroso – fanno parte della mitologia di quasi tutte le malattie che non sono considerate vergognose o umilianti.

A differenza della morte «dolce» attribuita alla tubercolosi, l'Aids, come il cancro, conduce a una morte «tragica». Le malattie metaforizzate che ossessionano l'immaginazione collettiva conducono tutte a morti travagliate o prefigurate come tali. L'attributo della mortalità non è di per sé sufficiente a generare terrore. Anzi non è neppure necessario, come nel caso enigmatico della lebbra, forse la piú infamante di tutte le malattie, benché sia raramente mortale ed estremamente difficile da trasmettere. Il cancro è piú temuto delle malattie di cuore, anche se chi ha avuto un infarto ha piú probabilità di morire entro pochi anni di quante ne abbia invece il malato di cancro. Un infarto è un evento, ma non attribuisce al paziente una nuova identità, trasformandolo in uno di «loro». Non dà avvio a una trasformazione, semmai provoca un miglioramento: spinto dalla paura, il cardiopatico apprende le buone abitudini dell'esercizio fisico e della dieta, comincia a condurre una vita piú prudente e piú sana. Si crede inoltre che l'infarto conduca, proprio perché può essere istantaneo, a una morte indolore.

Le malattie piú terribili non sono tanto quelle ritenute solo mortali, bensí quelle letteralmente disumanizzanti. Ciò che si manifestò nella fobia per la rabbia, nella Francia del XIX secolo, con gli innumerevoli pseudo-casi di contaminazione da animali improvvisamente trasformatisi in «bestie selvagge» e persino di rabbia «spontanea» (i casi effettivi di rabbia, *la rage*, furono estremamente rari), fu la fantasia che il contagio trasformasse le persone in belve umane, che si abbandonavano a incontrollabili impulsi sessuali e blasfemi: non il fatto che la malattia era, fino a che Pasteur non scoprí il vaccino nel 1885, sempre mortale. E sebbene nell'Europa occidentale del XIX secolo il vaiolo avesse ucciso un numero superiore di persone rispetto al colera, ciò nondimeno fu il secondo a essere piú temuto, a causa della rapidità con la quale colpiva e dell'indecenza dei sintomi: diarrea fulminante e vomito, i cui effetti anticipavano l'orrore della decomposizione che segue la morte. Entro poche ora la totale disidratazione riduceva il paziente a una raggrinzita caricatura di sé; la pelle nero-bluastra (la paura che opprime e paralizza è tutt'oggi denominata, in francese, *une peur bleue*); il corpo diventava freddo; la morte seguiva lo stesso giorno o entro brevissimo tempo.

Anche gli effetti della poliomielite potevano essere spaventosi – inaridiva infatti il corpo – ma non segnava o faceva marcire la carne, vale a dire non provocava un senso di ripugnanza. Inoltre la poliomielite, sebbene i suoi effetti fossero sufficientemente devastanti, colpiva solo il corpo, e non il viso. La reazione non metaforica, abbastanza appropriata, alla poliomielite dipende in larga misura dal fatto che essa risparmia il volto – che assume un'importanza determinante nella nostra valutazione sia della bellezza, sia della rovina fisica. Tutti gli smascheramenti della distinzione cartesiana di *mente* e corpo ad opera della filosofia e della scienza moderne, non hanno ridotto di una virgola la separazione operata nella nostra cultura tra *viso* e corpo, che influenza ogni aspetto riguardante usanze, mode, giudizi sessuali, sensibilità estetica: in pratica tutti i nostri concetti di «adeguatezza». Questa separazione è un punto essenziale di una delle principali tradizioni iconografiche della cultura europea, la rappresentazione del martirio cristiano, con la sua sorprendente dicotomia tra ciò che è impresso sul viso e ciò che accade al corpo: si pensi alle innumerevoli immagini di san Sebastiano, sant'Agata, san Lorenzo (ma non di Cristo), con il viso che esprime la naturale superiorità alle atrocità che vengono inflitte al corpo sottostante. Sotto, il corpo devastato. Sopra, una persona – rappresentata dal viso – che volge lo sguardo da un'altra parte, di solito verso il cielo, senza far trasparire dolore o paura:

già altrove. (Solo Cristo, figlio dell'Uomo e figlio di Dio, mostra sofferenza sul proprio volto. È questa la Passione). Il nostro stesso concetto di persona e di dignità dipende dalla separazione del viso dal corpo [1], e dalla possibilità che il viso possa essere esentato, o essere di per sé esente, da ciò che accade al corpo. E per quanto mortali, le malattie come l'infarto e l'influenza, che non danneggiano o deturpano il volto, non destano le paure piú profonde.

Non proprio tutte le alterazioni che appaiono sul viso si ritengono ripugnanti o infamanti. Le piú temute sono quelle che assomigliano a mutamenti di tipo animalesco («la faccia leonina» del lebbroso) o della decomposizione (come nella sifilide). Alla base di alcuni dei giudizi morali attribuiti alla malattia, ritroviamo giudizi estetici su ciò che è bello e ciò che è brutto, pulito e sporco, familiare e alieno o perturbante. (Per essere piú precisi, questi sono giudizi che si formulano prima della fase in cui le categorie estetiche e morali si scindono per poi arrivare infine a sembrare opposte). Ciò che conta ancor piú del livello di deturpazione, è che essa riflette mutamenti fondamentali: il disfacimento della persona. Anche il vaiolo deturpa, buttera il viso; ma i segni del vaiolo non peggiorano progressivamente. Se mai sono proprio le stimmate del superstite. Ma i segni sul viso di un lebbroso, di un sifilitico, di chi è colpito da Aids, sono precisi segni di un muta-

[1] Non c'è alcuna vera argomentazione contro la superiorità del viso, ma solo alcune battute di spirito decisive. L'ossessione della presunzione della separazione tra viso e corpo è l'idea centrale di *Ferdydurke* di Gombrowicz, in cui l'autore continua a insistere che il corpo è composto da parti diverse, ciascuna con una vita indipendente, e che il viso è semplicemente una di queste parti. La prospettiva da cui parte la satira post-rabeleisiana di Gombrowicz sull'eros e sulla classe sociale è quella di un forzato e umiliante ritorno all'infanzia e non delle umiliazioni forzate della malattia. Ovvero, il romanzo di Gombrowicz è una commedia e non una tragedia.

mento progressivo, una decomposizione, qualcosa di organico.

Nel XIX secolo erano assai diffuse sinistre definizioni organiche per descrivere sia la malattia sia la sua causa. Si tendeva a ritenere che le malattie specifiche, come il colera, e persino la predisposizione generica alla malattia, fossero originate da un ambiente «infetto» («viziato»), da esalazioni che si sviluppavano spontaneamente da qualcosa di sporco. Identificato di solito (anzitutto per il cattivo odore) con la materia organica marcescente, questo ambiente portatore di malattie cominciò a essere associato piú allo squallore urbano che a quello rurale, e con i rifiuti, con il marciume, con la vicinanza ai cimiteri. Queste credenze vennero in seguito superate dalle scoperte effettuate da Pasteur e da Koch sul ruolo svolto da microrganismi specifici. A partire dal 1880, la comunità scientifica non diede piú credito al miasma – tale era il nome di queste esalazioni – o alla generazione spontanea. (Nel 1883, un anno dopo aver scoperto il bacillo della tubercolosi, Koch scoprí il bacillo, presente nell'acqua, che causa il colera). Ma anche dopo il superamento della teoria miasmatica, ad opera della teoria batteriologica del contagio, il miasma sopravvive, destituito dal suo ruolo di causa primaria, sotto forma di fattore ausiliario nella spiegazione di molte malattie. La convinzione secondo la quale vivere in città cupe e sporche provochi (o per lo meno possa contribuire a provocare) la tubercolosi, ripropone in altra forma la teoria del miasma, cui si è seguitato a dare molto credito per gran parte di questo secolo, anche dopo la scoperta della vera causa. Sembra che per moralizzare una malattia sia necessaria una spiegazione analoga a quella offerta dalla teoria del miasma: la propagazione dell'infezione nell'ambiente.

Sulla scia del rifiuto di essa da parte degli scienziati, la teoria ha ispirato almeno una grande opera d'arte: l'opera di Debussy tratta dal dramma di Maeterlinck *Pelléas et Mélisande*, una sorta di *Tristano* riambientato in un universo miasmatico. È vero che *Pelléas et Mélisande* – in cui tutti confessano di provare sensazioni di debolezza e smarrimento e alcuni sono già malati; con il suo vecchio, fatiscente castello che non fa entrare la luce; dove il terreno pullula di terrori sotterranei e cavità fradicie o umide in cui si può sprofondare (tutti attributi del miasma, meno il fetore) – ci sembra un ritratto supremo del male *psicologico*, della nevrosi. Infatti, mentre la categoria morbosità generica fu eliminata gradualmente dal pensiero medico dell'Ottocento grazie alla nuova conoscenza dell'estrema specificità di ciò che provoca le malattie, essa si spostò al territorio, allora in piena espansione, della psicologia. La persona di salute cagionevole venne sostituita da quella nevrastenica o nevrotica; e l'idea di un ambiente infetto organicamente, oggettivamente patogeno, si ripresentò nel concetto di contaminazione psicologica dell'ambiente che provocava una predisposizione alla malattia mentale.

Questo concetto non rimase ascritto al campo della psicologia; anzi, con l'insorgere di una nuova credibilità scientifica della psicologia, ritornò a influenzare la medicina. L'opinione diffusa secondo la quale molte o quasi tutte le malattie non sono «in fondo» fisiche, ma mentali (piú prudentemente, «psicosomatiche»), perpetua in versione rinnovata la forma della teoria miasmatica, con tutto il suo sovraccarico di causalità e di significato; e ha avuto un notevole successo nel corso di questo secolo. La tesi secondo la quale il miasma psicologico (la depressione, la paura) possa causare la malattia fisica, è stata applicata, con vari gradi di rispettabilità, a molte malattie, compreso il cancro. E uno degli aspetti per cui l'Aids, per quanto alcune delle sue metafore coincidano con quelle del cancro, appare molto diversa dal cancro, malattia peraltro satura di valutazioni chiaramente moderne di energia e di disastro che viene esperita come un ritorno a malattie premoderne come la lebbra e la sifilide, è che nessuno è tentato, non ancora almeno, di darne una spiegazione psicologica.

5.

«Peste» è la metafora principale attribuita all'epidemia dell'Aids. E a causa dell'Aids, la popolare ed errata identificazione del cancro come epidemia, addirittura come peste, sembra si stia attenuando: l'Aids ha reso banale il cancro.

Il termine «peste» è stato a lungo usato metaforicamente per intendere il piú alto livello di calamità collettiva, di peccato, di flagello. (Procopio, in quel capolavoro della calunnia che è la *Storia segreta*, definí l'imperatore Giustiniano peggiore della peste: «Ben pochi si salvarono»), e perciò è anche stato un termine generico per definire molte terribili malattie. Benché la peste per antonomasia abbia causato le piú letali epidemie di cui si ha testimonianza, il fatto che una malattia venga riconosciuta come assassino impietoso non vuol dire che debba necessariamente essere considerata simile alla peste. La lebbra, per esempio, che oggi è raramente mortale, non lo era molto di piú nemmeno quando mostrò, tra il 1050 e il 1350 circa, la sua maggiore forza epidemica. E la sifilide è stata vista come peste – Blake parla della «giovanile maledizione della Meretrice» che «appesta il carro funebre del Matrimonio» – non perché conducesse spesso alla morte, ma perché era infamante, spossante, ripugnante.

Di solito sono le epidemie a essere pensate come pestilenze. E queste grandi incidenze di malattia si considerano inflitte, non solamente sopportate. Considerare la malattia come punizione è l'idea piú antica della causa che provoca la malattia; ed è un concetto cui si oppone qualsiasi cura dei malati degna del nobile nome di medicina. Ippocrate, autore di vari trattati sulle epidemie, escluse specificamente «l'ira divina» come causa della peste bubbonica. Ma le malattie intese nell'antichità come punizioni, come la peste in *Edipo*, non erano considerate vergognose, come invece sarebbero state la lebbra e in seguito la sifilide. Le malattie, nella misura in cui venivano caricate di un significato, erano calamità collettive, giudizi espressi nei confronti di un'intera comunità. Solo le ferite e le menomazioni, e non le malattie, venivano ritenute punizioni inflitte ai singoli. Per trovare nella letteratura dell'antichità un'analogia con il sentimento moderno della malattia vista come vergogna a causa di isolamento, bisogna risalire a Filottete e alla sua piaga maleodorante.

Sono le malattie piú temute, quelle che non sono solo mortali, ma trasformano il corpo in qualcosa di estraniante – come la lebbra, la sifilide, il colera e (nell'immaginazione di molti) il cancro – che sembrano attirare su di sé la qualifica di «peste». La lebbra e la sifilide furono le prime malattie a essere ritenute sempre ripugnanti. La sifilide, poi, nelle prime descrizioni dei medici della fine del XV secolo, diede origine a delle varianti di metafore che si sono sviluppate intorno all'Aids: di una malattia, cioè, non solo ripugnante e punitiva, ma aggressiva nei confronti della comunità. Benché Erasmo, il piú influente pedagogo europeo del primo Cinquecento, definisse la sifilide come «nient'altro che una specie di lebbra» (ma a partire dal 1529 la chiamò «peggiore della lebbra»), questa veniva già percepita come qualcosa di diverso, in quanto trasmessa sessualmente. Paracelso parla (nella parafrasi fatta da Donne) di «quella turpe malattia infettiva che aveva devastato il genere umano in alcuni luoghi dopodiché è dilagata: è la malattia inflitta da Dio per punire la generale licenziosità». Credere che la sifilide fosse la punizione per una trasgressione individuale, fu per lungo tempo (fino a quando la malattia divenne facilmente curabile) praticamente equivalente a considerarla come il meritato castigo per la licenziosità della comunità. E cosí è oggi per l'Aids, nei ricchi paesi industriali. A differenza del cancro, ritenuto modernamente una malattia contratta dagli individui, l'Aids viene ritenuta, in modo premoderno, una malattia contratta da persone viste sí come individui, ma anche come membri di un «gruppo a rischio»: una categoria inventata dai burocrati, all'apparenza neutra, che fa anche rivivere l'idea arcaica di una comunità infetta, che la malattia ha giudicato.

Naturalmente, non tutte le descrizioni della peste o delle malattie a essa paragonabili sono veicolo di sinistri stereotipi sulla malattia e sui malati. Lo sforzo di pensare la malattia (la sciagura in generale) in modo critico e storico, fu tentato varie volte durante il XVIII secolo: diciamo, da *A Journal of the Plague Year* (1722) di Daniel Defoe a *I promessi sposi* (1827) di Manzoni. La narrazione storica di Defoe, che si presenta come una testimonianza oculare sulla peste bubbonica di Londra del 1665, non fornisce alcuna interpretazione della peste in quanto punizione o – come piú avanti nello scritto – esperienza che trasforma. E Manzoni, nella sua lunga descrizione del passaggio della peste attraverso il territorio del ducato di Milano nel 1630, si impegna dichiaratamente a darne una visione piú precisa e meno riduttiva rispetto alle sue stesse fonti storiche. Tuttavia anche questi due complessi esempi narrativi rafforzano alcune inestinguibili e semplicistiche idee sulla peste.

Una caratteristica che ricorre nelle descrizioni sulla pestilenza è che la malattia viene sempre da un altro luogo. I nomi attribuiti alla sifilide, durante la sua ondata epidemica attraverso l'Europa nell'ultimo decennio del XV secolo, sono una dimostrazione esemplare della necessità di assegnare una nazionalità estera alle malattie piú temute [1]. Cosí fu il «French pox» per gli inglesi, il *morbus germanicus* per i parigini, il mal napoletano per i fiorentini, il mal cinese per i giapponesi. Ma ciò che può sembrare una battuta sull'inevitabilità dello sciovinismo, rivela una verità ben piú importante: che esiste un rapporto tra il concetto di malattia e il concetto di ciò che è straniero. Un rapporto che si situa forse all'interno dello stesso concetto di ciò che è sbagliato, arcaicamente identico al non-noi, all'«alieno». Una persona infetta ha sempre torto, come ha osservato Mary Douglas. D'altra parte è vero anche l'opposto:

[1] Nei primi resoconti si rilevava: «Questa malattia accolta da genti diverse, che affligge sotto nomi diversi», scrive Giovanni da Vigo, nel 1514. Come i precedenti trattati sulla sifilide, scritti in latino – da Niccolò Leoniceno (1497) o da Juan Almenar (1502) – quello di Giovanni da Vigo la chiama *morbus Gallicus*, il mal francese. (Brani tratti da questo e da altri scritti del periodo, compreso *Syphilis sive de morbo gallico* (1530), di Girolamo Fracastoro, che coniò il nome che prevalse, si trovano in *Classic Description of Disease*, a cura di Ralph H. Major (1932)). Sin dall'inizio abbondano le spiegazioni moralistiche: nel 1495, un anno dopo il manifestarsi dell'epidemia, l'imperatore Massimiliano promulgò un editto in cui veniva dichiarato che la sifilide era un'afflizione voluta da Dio per punire i peccati degli uomini. La teoria secondo la quale si riteneva che la sifilide venisse da un luogo piú remoto di un paese confinante, che fosse una malattia completamente nuova in Europa – una malattia del Nuovo Mondo, riportata al Vecchio dai marinai di Colombo, che l'avevano contratta in America – divenne la spiegazione sull'origine della sifilide condivisa da tutti nel XVI secolo e gode tuttora di ampio credito. Val la pena notare che i primi medici che scrissero sulla sifilide non accettarono questa teoria ambigua. Nel *Libellus de epidemia quam vulgo morbum gallicum vocant*, Leoniceno inizia la sua narrazione sollevando il problema della possibilità che «il mal francese, sotto altro nome, fosse comune nell'antichità» e dice poi di credere fermamente che lo fosse.

una persona che si ritiene abbia torto viene vista, almeno potenzialmente, come fonte di infezione.

L'origine straniera di gravi malattie (come dei repentini mutamenti del tempo atmosferico) non è necessariamente piú remota di un paese confinante. La malattia è infatti una sorta di invasione: non è casuale che sia spesso portata da soldati. La descrizione manzoniana della peste del 1630 (capp. 31-37), comincia cosí:

> La peste che il tribunale della sanità aveva temuto che potesse entrar con le bande alemanne nel milanese, c'era entrata davvero, come è noto; ed è noto parimente che non si fermò qui, ma invase e spopolò una buona parte d'Italia [1].

La cronistoria della peste del 1665 narrata da Defoe inizia in modo analogo, con una raffica di riflessioni ostentatamente scrupolose sulla sua origine straniera:

> Fu intorno al principio di settembre del 1664 che io seppi dai miei vicini come la peste fosse tornata in Olanda, dove già e particolarmente ad Amsterdam e Rotterdam aveva infierito l'anno prima; portata, dicevano alcuni, dall'Italia; altri dal Levante con le merci scaricate in porto dai legni di Turchia; altri da Candia; altri infine da Cipro. Ma che cosa importava di dove venisse? Importava solo che vi fosse di nuovo la peste in Olanda [2].

La peste bubbonica, che riapparve a Londra nel terzo decennio del Settecento, era arrivata da Marsiglia, città ritenuta il porto di ingresso del morbo nell'Europa occidentale: portata dai marinai e poi diffusa da soldati e mercanti. Dal XIX secolo in poi le origini straniere della malattia si fecero piú esotiche: si immaginarono mezzi di trasmissione del male meno particolareggia-

[1] Alessandro Manzoni, *I promessi sposi*, Einaudi, Torino 1960, p. 492.

[2] Daniel Defoe, *La peste di Londra*, Bompiani, Milano 1984, p. 19.

ti e la malattia stessa divenne fantasmagorica, simbolica.

Verso la fine di *Delitto e castigo*, Raskol'nikov sogna la peste: «Aveva fantasticato che tutto il mondo fosse condannato a esser vittima di una terribile, inaudita, mai veduta pestilenza che dal fondo dell'Asia marciava sull'Europa». All'inizio della frase troviamo l'espressione «tutto il mondo», che risulta poi essere l'«Europa», colpito da una visita dispensatrice di morte, proveniente dall'Asia. Il modello di Dostoevskij è senza dubbio il colera – definito colera asiatico, a lungo endemico nel Bengala – che divenne rapidamente, e continuò a esserlo per gran parte del XIX secolo, una malattia epidemica diffusa in tutto il mondo. Parte integrante della concezione secolare dell'Europa come entità culturale privilegiata è l'idea che essa sia un luogo colonizzato da malattie mortali che giungono dall'oltremare. L'assunto è che l'Europa in sé è, per diritto, esente dalla malattia. (Tra l'altro gli europei si sono dimostrati totalmente indifferenti nei confronti delle devastazioni che essi – in quanto invasori, colonizzatori – hanno introdotto per mezzo delle *loro* malattie mortali nel mondo esotico e «primitivo»: si pensi agli sterminii compiuti dal vaiolo, dall'influenza e dal colera nelle popolazioni aborigene delle Americhe e dell'Australia). La tenacia del rapporto tra origine esotica e temibilità della malattia è uno dei motivi per cui il colera (quattro grandi esplosioni epidemiche nell'Europa del XIX secolo, ciascuna delle quali con un tasso di mortalità inferiore alla precedente) ha continuato a essere piú tristemente memorabile del vaiolo, il cui potere devastante tendeva invece ad aumentare (nella pandemia di vaiolo dell'inizio degli anni '70 del secolo scorso morirono mezzo milione di persone) ma che non si poteva spiegare come malattia di origini non europee.

Le pestilenze non vengono piú «mandate», come nell'antichità biblica e greca, poiché il concetto di «untore» si è appannato. Piuttosto, le pestilenze «visitano» i popoli. E le visite si ripresentano, come è dato per scontato nel sottotitolo della narrazione di Defoe, in cui si dice di come si accinga a narrare «di ciò che in Londra accadde durante l'Ultima Grande Visita del 1665». Anche tra le popolazioni non europee, la malattia mortale può essere indicata come visita. Ma una visita agli «altri» è sempre descritta in modo diverso da quella ricevuta da «noi». «Credo che circa la metà dell'intera popolazione fu portata via da questa visita», scrisse il viaggiatore inglese Alexander Kinglake, giungendo al Cairo al tempo della peste bubbonica (o «orientale»). «Gli orientali, comunque, reagiscono con una forza d'animo piú salda rispetto agli europei, quando vengono colpiti da afflizioni di questo tipo». La nota opera *Eothen*, pubblicata nel 1844 da Kinglake – dall'allusivo sottotitolo «Tracce di viaggio riportate dall'Oriente» – illustra molte delle persistenti presunzioni eurocentriche sugli altri, a partire dalla fantasia che coloro che non hanno tanto motivo di attendersi l'immunità dalla cattiva sorte hanno una minore capacità di *percepire* le sventure. Pertanto, si crede che gli asiatici (o gli indigeni, i neri, gli africani, i musulmani), non soffrano o non provino dolore, come invece fanno gli europei (o i bianchi). La tendenza ad associare la malattia agli indigenti, di per sé estranei in mezzo agli altri, consolida inoltre il binomio morbo/straniero, nel senso di luoghi esotici e spesso primitivi.

Dunque, esemplificando la descrizione classica della peste, si pensa che l'Aids abbia avuto inizio nel «continente nero», che si sia poi estesa ad Haiti e di qui agli Stati Uniti e all'Europa e poi... Essa viene considerata una malattia tropicale: un altro contagio che giunge dal cosiddetto Terzo Mondo, il luogo dopotutto in cui vive la stragrande maggioranza della popolazione mondiale, il flagello dei «tristi tropici». Gli africani, capaci di riconoscere odiosi stereotipi razzisti in larga parte delle congetture sull'origine geografica dell'Aids, non sbagliano. (Tantomeno sbagliano quando traggono la conclusione che il quadro offerto dell'Africa come culla dell'Aids non può che alimentare pregiudizi antiafricani in Europa e in Asia). Il costituirsi di un rapporto inconscio tra un passato primitivo e le molte ipotesi avanzate circa la possibile trasmissione per via animale (malattia portata dalle scimmie verdi? febbre suina africana?) non può far altro che attivare una serie di stereotipi comuni sui neri, sull'animalità, e sulla libertà di costumi sessuali. Nello Zaire e in altri paesi dell'Africa centrale, dove l'Aids ha ucciso migliaia di esseri umani, ha già avuto inizio una reazione: molti medici, accademici, giornalisti, funzionari di governo e altre persone colte, ritengono che il virus sia stato inviato in Africa dagli Stati Uniti, un atto di guerra batteriologica (allo scopo di ridurre il tasso di natività) che è sfuggito di mano per poi ritornare a colpire chi lo aveva perpetrato. La versione piú comune in Africa di questa teoria vede il virus prodotto in un laboratorio militare della Cia nel Maryland, da qui destinato in Africa e riportato al suo paese d'origine dai missionari americani omosessuali ritornati dall'Africa al Maryland [1].

[1] La diceria potrebbe non essere nata come campagna di «disinformazione» patrocinata dal Kgb, ma ha ricevuto una spinta decisiva dagli esperti di propaganda sovietici. Nell'ottobre del 1985, il settimanale sovietico «Literaturnaya Gazeta» pubblicò un articolo in cui si sosteneva che il virus dell'Aids era stato prodotto dal governo statunitense durante le ricerche sulle armi biologiche a Fort Dotrick, nel Maryland, e si era diffuso all'estero ad opera di soldati usati come cavie. La fonte citata era un articolo del giornale indiano «Patriot». Dopo essere stato ripetuto in inglese su «Radio Pace e Progresso» di Mosca, questa notizia fu ripresa da quotidiani e riviste di tutto il mondo. Un anno dopo fu pubblicata in prima pagina dal «Sunday Express», un giornale inglese conservatore a grande diffusione («Il virus assassino dell'Aids è stato prodotto artificialmente da scienziati americani durante esperimenti che presero una piega

Dapprima si suppose che l'Aids si dovesse diffondere ovunque su vasta scala, nella stessa forma catastrofica con cui si era manifestata in Africa, e coloro i quali credono ancora che questo alla fine accadrà, evocano costantemente la Morte Nera. La metafora della peste è infatti uno strumento indispensabile per la lettura piú pessimistica delle prospettive epidemiologiche. Dalla narrativa classica al giornalismo moderno, il resoconto tipico che abbia come argomento la peste si basa sulle caratteristiche di inesorabilità e di inevitabilità. Gli impreparati sono colti di sorpresa, ma vengono ugualmente eliminati coloro che osservano le precauzioni consigliate. Quando la storia è raccontata da un narratore onnisciente, *tutti* soccombono, come testimonia *The Masque of the Red Death* (1842) di Edgar Allan Poe, che si ispira alla descrizione di un ballo tenuto a Parigi durante l'epidemia di colera del 1832. Soccombono invece *quasi* tutti se la storia è narrata dal punto di vista di un testimone, destinato a essere un sopravvissuto traumatizzato, come nel caso di Jean Giono, nel romanzo stendhaliano *Le hussard sur le toit* (1951), in cui un giovane nobiluomo italiano in esilio vaga attraverso il Sud della Francia colpita dal colera nel quarto decennio dell'Ottocento.

Le pestilenze sono regolarmente viste come giudizi attribuiti alla società: l'inflazione metaforica che iden-

catastrofica, ed una massiccia operazione di copertura l'ha tenuto nascosto al mondo intero fino a oggi»). Benché ignorato da quasi tutti i quotidiani americani, l'articolo del «Sunday Express» venne riciclato praticamente in tutti gli altri paesi. Ancora nell'estate del 1987, apparve sui quotidiani del Kenya, Perú, Sudan, Nigeria, Senegal e Messico. La nuova politica di Gorbačëv ha poi deciso per una smentita ufficiale di queste insinuazioni, tramite le dichiarazioni di due eminenti membri dell'Accademia delle Scienze apparse sulle «Izvestia», a fine ottobre 1987. Ma la notizia continua a circolare, dal Messico allo Zaire, dall'Australia alla Grecia.

tifica l'Aids con un tale giudizio tende ad abituare la gente a considerare inevitabile la sua diffusione universale. Il tradizionale utilizzo di malattie trasmesse sessualmente si individua quindi nella pratica di descriverle come punizioni inflitte non solo nei confronti degli individui, ma di un gruppo (generale licenziosità). Ma questa mania di additare le popolazioni trasgressive, inclini al vizio, non si limita alle sole malattie veneree. Fino all'ultimo scorcio del secolo passato, ricondurre tutte le piú terribili epidemie alla cifra di sintomo di lassismo morale o di decadenza politica fu altrettanto comune, quanto lo fu associare le malattie piú temute a un'origine straniera (o a minoranze disprezzate e temute). E l'attribuzione di colpa non viene smentita dai casi cui non si adatta. In Inghilterra, ad esempio, quando i predicatori metodisti collegarono l'epidemia di colera del 1832 all'ubriachezza (era appena agli inizi il movimento antialcolico), non si pensò intendessero sostenere l'equivalenza automatica tra colera ed alcol: c'era sempre spazio, infatti, per le «vittime innocenti» (bambini, donne giovani). Anche la tubercolosi, nella sua identità di malattia degli indigenti (piú che dei «sensibili»), fu associata dai riformisti del tardo Ottocento all'alcolismo. Le reazioni alle malattie associate ai peccatori e agli indigenti, raccomandavano sempre l'adozione di valori borghesi: abitudini regolari, produttività e autocontrollo emotivo, ai quali si pensava che l'ubriachezza fosse l'ostacolo principale [1].

[1] Secondo la diagnosi piú completa favorita dai riformisti laici, il colera era il risultato di un'alimentazione inadeguata e di «abitudini irregolari». I funzionari della Commissione Centrale della Sanità di Londra avvertivano la popolazione che non esistevano trattamenti specifici per la malattia, e consigliavano di prestare attenzione alla salubrità dell'aria e alla pulizia, anche se «la vera profilassi consisteva in un corpo sano e uno spirito allegro e sereno». Cfr. R. J. Morris, *Cholera 1832* (1976).

La buona salute stessa fu dunque alla fine identificata con quei valori, valori non solo mercantili ma anche religiosi, essendo la salute testimonianza di virtú, e la malattia di corruzione. L'affermazione proverbiale secondo la quale la pulizia viene subito dopo la divinità («Cleanliness in next to godliness») è da intendersi letteralmente. La sequela di epidemie di colera nel XIX secolo evidenzia un indebolimento costante delle interpretazioni puramente religiose della malattia; per la precisione, sempre piú frequentemente esse venivano a coesistere con altre spiegazioni. Benché, sin dal tempo dell'epidemia del 1866, il colera venisse comunemente considerato non semplicemente un castigo divino, ma la conseguenza di rimediabili deficienze dei servizi igienici, continuava a essere visto parimenti come il flagello del peccatore. Un giornalista dichiarò, sul «New York Times» del 22 aprile 1866, «Il colera è, in modo particolare, la punizione per la non osservanza delle regole sanitarie; è la maledizione dei reietti, degli intemperanti, dei depravati»[1].

Che oggi sembri inimmaginabile che il colera e malattie simili vengano considerate in questa maniera, denota non una diminuita capacità di assumere atteggiamenti moralistici nei confronti delle malattie, bensí un mutamento del tipo di malattie di cui ci si serve a scopo didattico. Il colera fu forse, per quasi un secolo, l'ultima grave malattia epidemica che fu possibile ricondurre pienamente al grado di peste. (Intendo per colera la malattia europea e americana, quindi situabile nel XIX secolo; fino al 1817, infatti, non si era mai verificata un'epidemia di colera al di fuori dell'Estremo Oriente). L'influenza, che sembrerebbe piú simile alla peste di qualunque altra malattia di questo secolo, se si adot-

[1] Citato in *The Cholera Years: The United States in 1832, 1849, and 1866* (1962), di Charles E. Rosenberg.

tasse come criterio il numero delle perdite (come il colera, colpiva in modo improvviso e uccideva in modo ugualmente rapido – di solito in pochi giorni) non è mai stata considerata metaforicamente come una peste. Né lo fu un'epidemia piú recente, la poliomielite. Uno dei motivi per cui non furono evocati concetti di peste, è che le altre epidemie non possedevano a sufficienza gli attributi perennemente imputati alle pestilenze: per esempio, la poliomielite era interpretata come malattia tipicamente infantile, ovvero «degli innocenti». Ma il motivo piú importante è il mutamento di rotta nella strumentalizzazione moralistica della malattia. Questo mutamento, verso malattie che possono essere interpretate come giudizi espressi nei confronti del singolo individuo, rendono piú difficoltoso l'uso metaforico della malattia epidemica come peste. A lungo è stato il cancro la malattia che meglio si adattava a questo bisogno della cultura laica di biasimare, punire e censurare attraverso l'immagine della malattia. Era la malattia dell'individuo, ed era considerata il risultato di una mancanza d'azione, piú che di un'azione (che voleva dire essere prudenti, esercitare un adeguato autocontrollo o essere adeguatamente vitali). Nel XX secolo è diventato pressoché impossibile moraleggiare sulle epidemie – fatta eccezione per quelle trasmesse sessualmente.

La persistenza della convinzione secondo la quale la malattia rivela, e punisce, il lassismo morale o la turpitudine, può anche essere considerata sotto l'ottica inversa, osservando il perdurare delle descrizioni di disordine o corruzione come malattia. Tanto indispensabile era stata la metafora della peste nel determinare giudizi sbrigativi sulla crisi sociale, che il suo uso diminuí a stento durante il periodo in cui le malattie collettive non venivano piú trattate cosí moralisticamente –

il periodo che intercorre tra le pandemie dell'influenza e dell'encefalite, nei primi anni '20 e l'individuazione di una nuova e misteriosa malattia epidemica negli anni '80 – e in cui le grandi epidemie infettive venivano spesso e fiduciosamente dichiarate una vicenda passata. La metafora della peste era frequente, negli anni '30, come sinonimo di catastrofe sociale e psichica. Tali evocazioni procedono di solito di pari passo con gli atteggiamenti conservatori: si pensi, ad esempio, a quelle di Artaud sul teatro e sulla peste, e a quelle di Wilhelm Reich sulla «peste emotiva». Una generica «diagnosi» di questo tipo promuove necessariamente il pensiero antistorico. Una teodicea, come pure una demonologia, non solo hanno bisogno di qualcosa che sia emblematico del male, ma lo rendono promotore di una giustizia rozza e terribile. In *Bílá nemoc* (*La peste bianca*, 1937), di Karel Čapek, la ripugnante pestilenza, che si è manifestata in uno stato in cui il fascismo ha conquistato il potere, affligge solo i quarantenni, ovvero coloro che ne sono ritenuti responsabili.

Scritta alla vigilia dell'occupazione nazista della Cecoslovacchia, l'opera allegorica di Čapek ha dell'anomalo, vale a dire utilizza la metafora della peste per esprimere la minaccia di ciò che viene definito barbarico da un liberale europeo. La malattia misteriosa e terribile dell'opera in questione è simile alla lebbra, una lebbra rapida e sempre mortale, che si suppone arrivi, naturalmente, dall'Asia. Ma a Čapek non interessa identificare il male politico con l'insidia proveniente dall'esterno: il suo scopo didattico è quello di focalizzare la riflessione non sulla malattia stessa, bensí sulla gestione delle informazioni su di essa da parte degli scienziati, dei giornalisti e dei politici. Il piú famoso specialista della malattia arringa un cronista («La malattia del momento, direte voi. Ben cinque milioni di persone sono morte fino a oggi, venti milioni ce l'hanno e un numero almeno tre volte superiore di persone bada alle proprie occupazioni, spensieratamente inconsapevoli delle macchie simili a biglie presenti sui loro corpi»); rimprovera un collega medico per l'uso di termini popolari, «la peste bianca» e «la lebbra di Pechino», invece del termine scientifico «sindrome di Cheng»; s'abbandona a sogni fantastici su come la sua clinica s'adoprerà per la ricerca e l'individuazione del virus e della cura (tutte le cliniche del mondo hanno il loro nuovo programma di ricerca); su come contribuirà al prestigio della scienza e aggiudicherà il premio Nobel al suo scopritore; è fuori di sé dalla gioia quando sembra che sia stata trovata la cura («è stata la malattia piú pericolosa della storia, peggiore della peste bubbonica»); e definisce progetti per mandare tutti coloro i quali manifestano i primi sintomi in campi di detenzione ben sorvegliati («Dato che ogni portatore della malattia è un potenziale agente di diffusione della malattia, è essenziale proteggere le persone non infette da quelle infette. Ogni sentimentalismo è fatale, dunque criminale»). Per quanto caricaturale possano sembrare le ironie di Čapek, esse formano un ritratto, non certo inverosimile, della gestione di una catastrofe (di natura medica ed ecologica) come avvenimento pubblico nella moderna società di massa. E per quanto convenzionali siano i termini in cui egli spiega la metafora della peste come strumento di un giusto castigo (alla fine la peste abbatte il dittatore stesso), il concetto che d'istinto Čapek ha per le relazioni pubbliche lo porta a rendere esplicito nell'opera il riconoscimento della malattia *come* metafora. L'eminente medico dichiara infatti che i meriti della scienza non sono nulla in confronto a quelli del dittatore (il quale sta per dichiarare una guerra). Egli, infatti «ha distolto l'attenzione da un flagello ben peggiore: il flagello dell'anarchia, la lebbra della corruzione, l'epidemia della libertà barbarica, la peste della disgregazione sociale che mina alle fondamenta l'organismo della nostra nazione».

La peste di Camus, che fu pubblicato dieci anni dopo, è un esempio di un uso assai meno letterale del morbo da parte di un altro grande rappresentante del liberalismo europeo, esempio tanto acuto quanto è invece schematico *La peste bianca* di Čapek. Il romanzo di Camus non è, come a volte si sostiene, un'allegoria politica in cui lo scoppio della peste bubbonica in una città portuale del Mediterraneo rappresenta l'occupazione nazista. La peste di cui Camus scrive non è punitiva. Camus infatti non eleva protesta contro nulla, né contro la corruzione o la tirannia e neppure contro la mortalità. La peste non è altro che un avvenimento che serve da modello, l'irruzione della morte che conferisce alla vita un senso di gravità. Il suo uso della peste, piú epitome che metafora, è insieme distaccato, stoico, consapevole – non comporta un giudizio e non lo sollecita. Ma, come nell'opera di Čapek, i personaggi del romanzo di Camus si stupiscono del manifestarsi della peste nel ventesimo secolo... come se credere che una tale calamità non possa verificarsi, non possa verificarsi *piú*, significhi che è invece inevitabile.

6.

Il manifestarsi di una nuova catastrofica epidemia, mentre per decenni si era pensato con fiducia che tali calamità appartenessero al passato, non sarebbe di per sé sufficiente a riaccendere l'eccesso moralistico che identifica l'epidemia con la «peste». È stato invece necessario che il mezzo piú comune di trasmissione fosse quello sessuale.

Cotton Mather chiamò la sifilide una punizione «che la Giustizia Divina ha riservato per le Età a venire». Ricordando questa e altre assurdità pronunciate sulla sifilide dalla fine del XV all'inizio del XX secolo, non c'è molto da stupirsi del fatto che molti vogliano dare dell'Aids una lettura in chiave metaforica – riconoscendovi, come nel caso della peste, un giudizio morale nei confronti della società. Certo, i fustigatori di professione non riescono a resistere all'opportunità retorica offerta da una malattia che si trasmette sessualmente, e per giunta mortale. Di conseguenza, il fatto che l'Aids sia una malattia trasmessa prevalentemente per via eterosessuale nei paesi dove si manifestò inizialmente in forma epidemica, non ha impedito ai tutori della moralità pubblica, Jesse Helms e Norman Podhoretz, per fare un esempio, di rappresentarla come una punizione inflitta (e meritata) in particolare agli omosessuali occidentali; mentre una delle tante celebrità dell'era reaganiana, Pat Buchanan, arringa sull'«Aids e la bancarotta morale», e Jerry Falwell offre la diagnosi generica: «l'Aids è il giudizio di Dio espresso nei confronti di una società che non rispetta le Sue regole». Ciò che sorprende non è tanto il fatto che l'epidemia dell'Aids sia stata strumentalizzata in questo modo, quanto piuttosto che queste frasi vuote e convenzionali siano limitate entro gli angusti confini di una tale prevedibile cerchia di bigotti (in questo senso il dibattito ufficiale sull'Aids porta quindi inevitabilmente a esortazioni contro la bigotteria).

Nella gran maggioranza dei casi, le dichiarazioni di coloro che sostengono di parlare nel nome di Dio, possono essere facilmente ridimensionate, poiché si sa che la retorica è puntualmente stimolata da malattie trasmesse sessualmente – a partire dal giudizio di Cotton Mather fino alle recenti affermazioni fatte da due eminenti ecclesiastici brasiliani, il cardinale Falcão di Brasilia (l'Aids è «la conseguenza della decadenza morale») e il cardinale di Rio de Janeiro, Eugenio Sales («castigo divino» e «vendetta della natura»). Piú interessanti, poiché i loro scopi sono piú complessi, sono invece i patrocinatori laici dell'invettiva. Le ideologie politiche autoritarie hanno l'interesse di incoraggiare la paura della presa del potere dall'esterno, e le malattie reali sono uno strumento utile. È noto che le malattie epidemiche di solito sollecitano inviti a vietare l'accesso agli stranieri, agli immigrati; la propaganda xenofoba ha sempre ritratto gli immigranti come portatori di malattie (nel tardo Ottocento abbiamo il colera, la febbre gialla, il tifo, la tubercolosi). Si capisce allora come, secondo questa logica, il personaggio politico francese che piú di tutti è il portavoce del nazionalismo piú razzista, Jean-Marie Le Pen, abbia tentato di fomentare una strategia del terrore nei confronti del nuovo pericolo straniero, asserendo che l'Aids non è solamente infettiva, ma contagiosa, e richiedendo che il test venga reso obbligatorio e che tutti i portatori del virus vengano isolati in quarantena. In maniera analoga, la paura serve all'odierno regime del Sud Africa, il cui primo ministro ha recentemente dichiarato, evocando l'incidenza della malattia tra i minatori importati dai vicini paesi neri: «I terroristi ci affrontano ora con un'arma piú terribile del marxismo: l'Aids».

L'epidemia dell'Aids è al servizio di una proiezione immaginaria della paranoia politica del Primo Mondo. Il cosiddetto virus dell'Aids non è soltanto l'invasore quintessenziale che viene dal Terzo Mondo: ne rappresenta tutte le minacce mitologiche. Negli Stati Uniti, le reazioni razziste alla malattia sono state meno forti di quanto lo siano state in Europa, compresa l'Unione Sovietica, paese in cui l'origine africana della malattia è fortemente sottolineata. In America la malattia, oltre a identificarsi con l'idea di essere travolti dal Terzo Mondo, tiene viva la minaccia del Secondo. Come era prevedibile, negli Stati Uniti, tra le voci maggiormente influenti sull'opinione pubblica, i piú interessati a evincere una lezione morale dall'epidemia di Aids – ad esempio Norman Podhoretz – sono coloro i quali si preoccupano che l'America mantenga alto il proprio indice di bellicosità (e cosí pure le spese per gli armamenti) e salda la sua posizione anticomunista, e che al contempo riconoscono ovunque segnali del declino dell'autorità politica e imperiale della nazione. La denuncia di «peste gay» rientra nell'ambito di una protesta piú vasta, frequente tra gli occidentali piú conservatori e tra i molti esuli provenienti dal blocco sovietico; essa si abbatte contro ogni sorta di contemporaneo permissivismo, mediante l'ormai consueta diatriba sul «debole» Occidente, con il suo edonismo, la volgare musica erotica, la droga, la disgregazione della famiglia – elementi che hanno minato la volontà di far fronte al comunismo. L'Aids è l'argomento preferito di coloro che traducono la propria condotta politica in termini di psicologia di gruppo, vale a dire di autostima e autofiducia nazionale. Benché questi teorici del malanimo insistano ad affermare che l'Aids sia la punizione nei confronti della devianza sessuale, ciò che li spinge non è solo (o almeno non in misura principale) l'omofobia. Ben piú importante è l'utilità che l'Aids ha dimostrato nel perseguire una delle attività precipue dei cosiddetti neo-conservatori, la *Kulturkampf* contro ciò che (per amor di brevità e imprecisamente) prende il nome di «anni sessanta». A questo morbo è stata insomma collegata tutta una politica globale della «volontà» (dell'intolleranza, della paranoia, della paura della debolezza politica).

L'Aids si presta perfettamente a sollecitare paure comuni, condivise da tutti ed esercitate per generazioni – come ad esempio la paura della «sovversione» – e paure che sono emerse piú di recente, come quella di un incontrollabile inquinamento e della continua migrazione dal Terzo Mondo. Appare quindi inevitabile che nella società americana l'Aids assuma le connotazioni di un evento totale, una minaccia per la civiltà nella sua interezza. E innalzare la statura metaforica della malattia mantenendo vive le paure per la sua facile trasmissibilità, la sua diffusione imminente, non ne sminuisce la valenza principale: l'Aids come conseguenza di atti illeciti (o di arretratezza economica e culturale). L'idea di punizione per un comportamento ritenuto deviante e quella di minaccia agli innocenti sono due concetti difficilmente contraddittori. La straordinaria forza ed efficacia della metafora della peste è tale da permettere che una malattia venga considerata sia come un'afflizione che colpisce «gli altri», i vulnerabili, sia come una malattia che potenzialmente colpisce chiunque.

Tuttavia, una cosa è enfatizzare come la malattia costituisca una minaccia generale (per poter cosí insinuare la paura e confermare il pregiudizio), altro è sostenere (per poter cosí disinnescare il pregiudizio e ridurre il marchio d'infamia) che alla fine l'Aids colpirà, direttamente o indirettamente, tutti quanti. Ultimamente, gli stessi mitologi smaniosi di utilizzare l'Aids per una mobilitazione ideologica contro ciò che è deviazione dalla norma, hanno rinunciato alle considerazioni piú allarmanti sulla malattia. Essi sono ora tra i piú loquaci di coloro i quali affermano che il contagio *non* si diffonderà tra «la popolazione normale», e hanno cominciato a denunciare l'«isterismo» o il «delirio» sull'Aids. Al di là di ciò che oggi essi considerano un'eccessiva pubblicità data alla malattia, essi intravvedono il desiderio di placare una potentissima minoranza accettando di vedere la «loro» malattia come «nostra» (il che è un'ulteriore testimonianza dell'oscillazione degli efferati valori «liberali» e del declino spirituale dell'America). La conversione dell'Aids in problema che riguarda tutti, e quindi in materia sulla quale tutti necessitano di essere istruiti – dicono i mitologi conservatori – rovescia la nostra consapevolezza della differenza tra «noi» e «loro», e cosí discolpa o per lo meno rende inappropriati i giudizi morali su «loro». (In questa retorica la malattia continua a essere identificata quasi esclusivamente con l'omosessualità e in particolare con la sodomia). «L'America è forse diventata un paese dove il commento in classe sui Dieci Comandamenti non è consentito ma in cui l'insegnamento della sodomia senza rischi deve essere reso obbligatorio?», chiede Pat Buchanan, opponendosi alla proposta «insensata» (presentata nel verbale della recente Commissione presidenziale sull'epidemia, presieduta dall'ammiraglio Watkins) di dichiarare fuori legge la discriminazione nei confronti delle persone affette da Aids. Gli appelli provenienti dalle fonti ufficiali di «mettere da parte il pregiudizio e la paura in favore della compassione» (le parole sono del Watkins Report) sono diventati, piú della malattia stessa, l'obiettivo principale dell'attacco conservatore, poiché implicano un indebolimento del potere (o della propensione) della società americana di punire e segregare attraverso i giudizi sul comportamento sessuale.

L'Aids, piú del cancro e analogamente alla sifilide, sembra incoraggiare sinistre fantasie su una malattia che è un indicatore di vulnerabilità sia sotto il profilo individuale, sia sotto quello sociale. Il virus invade il corpo; la malattia (o, in una variante piú attuale, la paura della malattia) viene descritta come invasore dell'intera società. Sul finire del 1986, il presidente Reagan dichiarò che l'Aids si stava diffondendo – naturalmente in modo «subdolo» – «in lungo e in largo nella nostra società»[1].

Ma l'Aids, pur essendo il pretesto per esprimere oscure dichiarazioni sullo Stato, deve ancora conquistarsi una credibilità quale metafora politica per i nemici interni – persino in Francia, dove *le sida* è entrato rapidamente a far parte dell'armamentario dell'invettiva politica. Le Pen ha liquidato alcuni dei suoi avversari definendoli «Aidsitici» (*sidatique*) e il polemista Louis Pauwels ha detto che gli studenti liceali in sciopero lo scorso anno erano affetti da «Aids mentale». Né l'Aids si è dimostrata di molta utilità come metafora per indicare il male a livello internazionale. È vero che Jeane Kirkpatrick non riuscí in un'occasione a resistere alla tentazione di paragonare il terrorismo internazionale

[1] I luoghi comuni di Reagan sulla spaventosa realtà di una malattia che riguarda altri è in conflitto con le sue curiose affermazioni sulla realtà della propria malattia: quando gli fu chiesto come si sentiva dopo aver subito l'operazione di cancro, dichiarò: «Io non avevo il cancro. C'era qualcosa all'interno del mio corpo che aveva il cancro, ed è stato asportato».

all'Aids, ma sortite del genere sono rare, forse perché la metafora del cancro si è dimostrata piú adatta.

Questo non vuol dire che l'Aids non venga usata, assurdamente, come metafora, ma solo che l'Aids ha un potenziale metaforico diverso da quello del cancro. Quando il protagonista del film di Alain Tanner *La Vallée Fantôme* (1987) afferma «Il cinema è come un cancro» e poi si corregge, «No, è contagioso, è piú simile all'Aids», il paragone sembra goffo e pesante (per non dire una clamorosa sottovalutazione). Non tanto la contagiosità, quanto piuttosto la sua caratteristica latenza offre un uso piú distintivo dell'Aids come metafora. E cosí, lo scrittore palestinese Anton Shammas, sul settimanale di Gerusalemme «Kol Ha'ir», in un accesso di fantasia medica, sessuale e politica, ha recentemente descritto la Dichiarazione d'indipendenza israeliana del 1948 come

> l'Aids dello «Stato Ebraico della Terra d'Israele», la cui lunga incubazione ha generato Gush Emunim e... il rabbino Kahane. Tutto ebbe inizio qui; e qui tutto finirà. L'Aids, mi dispiace dirlo, nonostante la mia comprensione per gli omosessuali, colpisce soprattutto l'erotismo monodirezionale; e uno Stato ebraico mononazionale racchiude, per definizione, il germe della sua stessa rovina – il crollo del sistema immunologico politico che si chiama democrazia... Rock Hudson, il quale un tempo è stato bello e forte come un Palmachnik, giace ora moribondo, molto tempo dopo lo scioglimento del Palmach. Anche lo Stato di Israele, per gli ebrei ovviamente, un tempo è stato davvero bello...

Ancor piú che per la sua connessione alla latenza, il potenziale metaforico dell'Aids si rivela efficace per esprimere i concetti di contaminazione e di mutamento. Il cancro è ancora comunemente usato come metafora per ciò che si teme e si disapprova, anche se è meno temuto che in passato. Se si vorrà un giorno attribuire all'Aids un significato simile, sarà perché essa non è solo invasiva (come il cancro) o contagiosa, ma per l'idea che ci si fa del virus.

Una nuova serie di metafore mediche indipendenti dall'Aids, ma che nondimeno ne consolidano la mitologia, viene fornita dalla virologia. Prima ancora che si parlasse dell'Aids, William Burroughs sentenziò, seguito a ruota da Laurie Anderson, «Il linguaggio è un virus»; spiegazioni di tipo virale vengono invocate sempre piú spesso. Fino a poco tempo fa, la maggior parte delle infezioni ritenute virali erano quelle che, come la rabbia e l'influenza, hanno effetti molto rapidi. Ma la categoria delle infezioni virali a effetto lento è in crescita. Si sospetta, infatti, che molti disturbi progressivi (e sempre mortali) del sistema nervoso centrale, e alcuni stati degenerativi del cervello che si possono manifestare in età avanzata, insieme alle cosiddette malattie autoimmuni, siano malattie provocate da virus a lenta evoluzione. (E si continuano tra l'altro ad accumulare prove sull'origine virale di alcune tra le affezioni cancerose). I concetti di cospirazione ben si traducono in metafore di virus implacabili, subdoli, infinitamente pazienti. A differenza dei batteri, che sono organismi relativamente complessi, i virus vengono descritti come forme di vita estremamente primitiva. Nello stesso tempo, le loro attività sono molto piú complesse di quelle contemplate nei primi modelli batterici di contagio. I virus non sono semplicemente agenti di infezione, di contaminazione: trasportano «l'informazione» genetica, trasformano le cellule. E loro stessi, molti di essi, si evolvono. Mentre il virus del vaiolo sembra essersi conservato immutato per secoli, i virus influenzali mutano cosí rapidamente che, per stare al passo con i cambiamenti dell'«involucro» del virus, è necessario modificare ogni anno i vaccini [1]. Il virus o, piú precisamente, i virus che si pensa provochino l'Aids, sono per lo meno altrettanto mutevoli di quanto lo sono quelli dell'influenza. In effetti, oggi il termine «virus» è sinonimo di mutamento. Linda Ronstadt, spiegando di recente le ragioni della sua scelta di fare musica folk messicana piuttosto che rock'n'roll, ha osservato: «Noi non abbiamo nessuna tradizione di musica contemporanea, se non il cambiamento. Si deve mutare, come un virus».

Se la «peste» ha ancora un futuro come metafora, ciò si deve al concetto sempre piú comune di virus. (Forse in futuro nessun'altra malattia provocata da un bacillo verrà considerata alla stregua della peste). L'informazione in sé, oggi strettamente legata alle capacità del computer, è minacciata da qualcosa che si può paragonare a un virus. Esistono in circolazione programmi pirata, noti come virus da software, che vengono considerati simili ai virus biologici (i quali catturano il codice genetico di parti di un organismo ed effettuano trasferimenti di materiale genetico estraneo). Questi programmi – fissati su un floppy disk destinato a essere usato con il computer o a essere inserito quando il computer comunica attraverso le linee telefoniche o in rete con altri computer – vengono copiati nel sistema operativo della macchina. Come i loro omonimi biologici,

[1] La ragione per cui il vaccino è considerato la risposta ottimale ai virus ha a che fare con ciò che li rende «primitivi». I batteri hanno molte differenze metaboliche rispetto alle cellule dei mammiferi e si possono riprodurre al di fuori delle cellule in cui sono ospitati, cosa che rende possibile trovare sostanze che li bersaglino in modo specifico. Nel caso dei virus, che si legano alle cellule in cui sono ospitati, è molto piú difficile distinguere le funzioni virali da quelle cellulari normali. Ne consegue che la principale strategia di controllo delle infezioni virali è stata la messa a punto di vaccini che non «attaccano» direttamente un virus (come la penicillina attacca i batteri infettivi), ma «prevengono» l'infezione stimolando in anticipo il sistema immunitario.

essi non producono segni immediati di danneggiamento alla memoria del computer, e ciò dà al programma da poco «contagiato» il tempo di diffondersi ad altri computer. Tali metafore tratte dalla virologia (e comunque in parte stimolate dagli onnipresenti discorsi sull'Aids) stanno diffondendosi ovunque, consolidando in tal modo la sensazione di onnipresenza dell'Aids. (Al virus che distrusse gran parte dei dati del centro di elaborazione dell'Università di Lehigh, a Bethlehem, in Pennsylvania, nel 1987, fu dato il nome di Pc-Aids. In Francia gli informatici parlano già del problema del *sida informatique*).

E non è poi cosí sorprendente che il piú nuovo elemento di trasformazione del mondo moderno, il computer, prenda a prestito quelle metafore che derivano dalla piú nuova malattia soggetta a trasformazioni. Non è neppure sorprendente che le descrizioni del decorso dell'infezione virale riecheggino, ormai spesso, il linguaggio dell'era del computer, ad esempio quando si dice che un virus produce di solito «nuove copie di sé». Oltre alle descrizioni meccanicistiche, il modo in cui i virus sono caratterizzati animisticamente – come minaccia in agguato, mutevoli, furtivi, innovativi biologicamente – rafforza l'accezione della malattia come qualcosa di ingegnoso, imprevedibile, inedito. Queste sono le metafore portanti per quelle idee sull'Aids che distinguono questa malattia da altre considerate simili alla peste. Sebbene le paure che l'Aids rappresenta siano antiche, la sua condizione di evento inaspettato, di malattia completamente nuova – un nuovo castigo, in un certo senso – serve ad aumentare il terrore.

7.

Taluni ritengono che nessuna malattia sia completamente nuova, altri pensano che molte di quelle vecchie siano ormai cessate e che quelle considerate nuove faranno il loro tempo: comunque sia, la Misericordia Divina ha disperso la grande quantità delle malattie e non ha sovraccaricato un solo paese con tutte. Alcune, nuove in un paese, possono essere vecchie in un altro. Le nuove scoperte portano alla scoperta anche di nuove malattie... e se l'Asia, l'Africa e l'America mettessero insieme le loro malattie, il vaso di Pandora si riempirebbe e ne nascerebbe una strana patologia.

Sir Thomas Browne, *A Letter to a Friend, Upon Occasion of the Death of his Intimate Friend.*

È ovviamente improbabile che l'Aids, identificata per la prima volta all'inizio degli anni '80, sia una malattia nuova. È plausibile invece che il virus sia stato a lungo in circolazione e non solo in Africa, anche se solo ultimamente (e in Africa) la malattia ha raggiunto proporzioni epidemiche. Ma per la coscienza collettiva, e per la stessa medicina, *è* una nuova malattia: l'Aids segna un punto di svolta negli atteggiamenti correnti verso la malattia e verso la medicina, nonché verso la sessualità e la catastrofe. Prima, la medicina veniva considerata come un'annosa campagna militare prossima ormai alla sua fase finale, che avrebbe portato alla vittoria. Il manifestarsi di una nuova malattia epidemica, quando per decenni si era fiduciosamente creduto che tali calamità appartenessero al passato, ha inevitabilmente modificato la posizione della medicina. L'arrivo dell'Aids ha chiarito che le malattie infettive sono tutt'altro che sconfitte, e il loro elenco lungi dall'esser chiuso.

La scienza medica aveva modificato i costumi sociali. La malattia li riporta allo stato precedente. La contraccezione e la sicurezza (garantita dalla medicina) della facile curabilità delle malattie trasmesse sessualmente, alla pari di quasi tutte le malattie infettive, ha permesso di vedere il rapporto sessuale come un episodio senza conseguenze. Adesso l'Aids costringe a pensare al rapporto sessuale valutando la possibilità di una conseguenza delle piú funeste: il suicidio. O l'omicidio. (C'era già stato, all'inizio degli anni '80, negli Stati Uniti, un primo tentativo di trasformare la sessualità in qualcosa di pericoloso, in relazione all'allargarsi a macchia d'olio del panico nei confronti dell'herpes – e l'herpes è, nella maggior parte dei casi, semplicemente sgradevole e inibente sotto il profilo erotico). La paura dell'Aids costringe a guardare al passato in un atto il cui ideale è un'esperienza di puro presente (e punto di partenza per l'avvenire), passato che si può ignorare solo a proprio rischio. Il sesso non allontana piú i due partner, neppure per un momento, dal sociale. Non può essere considerato mero accoppiamento: è una catena, la catena di trasmissione proveniente dal passato. «Ricordate che avere un rapporto sessuale non vuol dire averlo solo con quella persona, ma con tutti quelli con cui essa ha avuto rapporti negli ultimi dieci anni», annuncia la vaga e accattivante dichiarazione, fatta nel 1987 dal Responsabile alla Sanità e ai Servizi Sociali, Otis R. Bowen. L'Aids rivela tutti i rapporti sessuali eccetto quello monogamo a lungo termine, come promiscui (dunque rischiosi) o come devianti, poiché tutte le relazioni eterosessuali sono anche rapporti omosessuali di secondo grado.

La paura della sessualità è il nuovo registro di quell'universo di paure in cui tutti oggi vivono. La fobia del cancro ci aveva insegnato la paura di un ambiente contaminante; adesso abbiamo paura delle persone contaminanti che il timore per l'Aids inevitabilmente ci trasmette. Paura del calice della comunione, paura della chirurgia: paura di sangue contaminato, che si tratti del sangue di Cristo o del nostro prossimo. La vita stessa – il sangue, le secrezioni sessuali – porta in sé la contaminazione. Questi liquidi sono potenzialmente letali. Meglio l'astinenza. Cosí la gente fa scorte del proprio sangue per un eventuale uso futuro. Il modello di comportamento altruistico della nostra società, che prevede l'anonimato per la donazione del sangue, è stato compromesso, poiché nessuno può essere sicuro del sangue ricevuto anonimamente. L'Aids ha avuto non solo l'infelice effetto di rafforzare il moralismo americano in materia sessuale, ma ha oltremodo consolidato la cultura dell'interesse personale, che è poi quella su cui si fonda ciò che viene comunemente lodato come «individualismo». L'interesse personale riceve ora un ulteriore appoggio in ciò che viene indicata come semplice prudenza medica.

Tutte le epidemie a diffusione rapida, comprese quelle in cui non c'è alcun sospetto di trasmissione sessuale né tantomeno la possibile attribuzione di colpa ai malati, dànno luogo a comportamenti piuttosto simili, di allontanamento e di esclusione. Nella pandemia di influenza del 1918-19 – l'influenza è una malattia che si trasmette molto facilmente ed è causata da un virus che si trova nell'aria e si trasmette attraverso il sistema respiratorio – si consigliava di non stringere la mano alle persone e di mettere sulla bocca un fazzoletto prima di baciare qualcuno. Ai funzionari di polizia veniva ordinato di indossare delle mascherine di garza prima di entrare in una casa dove erano presenti dei malati, come d'altra parte fanno anche oggi in caso di arresti effettuati nei bassifondi, poiché l'Aids è in misura sempre maggiore, negli Stati Uniti, la malattia dei poveri metropolitani, in particolare quelli di colore e latinoamericani. Molti barbieri e dentisti indossavano maschere e guanti, come fanno anche oggi dentisti e odontotecnici. Ma la grande epidemia d'influenza, che uccise venti milioni di persone, si risolse nel giro di quindici mesi. Nel caso di un'epidemia lenta queste precauzioni sono rette da leggi proprie: diventano parte integrante dei costumi sociali e non si riducono a una pratica adottata per un breve periodo di emergenza, e in seguito abbandonata.

Nel caso di un'epidemia in cui non ci sia la prospettiva immediata di un vaccino, ancor meno di una cura, la prevenzione svolge un ruolo piú importante nella coscienza collettiva. Ma le campagne per la prevenzione incontrano molte difficoltà quando si tratta di malattie veneree. C'è sempre stata una certa riluttanza, in America, a informare la gente, nelle campagne indette per la salute pubblica, sulle norme a cui attenersi per avere rapporti sessuali piú sicuri. La *U.S. Guide for Schools*, pubblicata sul finire del 1987 a cura del Ministero per l'Istruzione, di fatto non tratta il problema della riduzione del rischio e propone l'astinenza quale miglior metodo di protezione contro l'Aids, rievocando cosí gli insegnamenti impartiti ai soldati durante la prima guerra mondiale, che proponevano la castità come unica protezione contro la sifilide e come contributo al loro dovere patriottico di combattere i «crucchi»[1].

[1] L'altro aspetto di questo rifiuto di dare indicazioni tecniche sulle pratiche meno rischiose era la sensazione che fosse poco virile sottoporre la propria vita sessuale alle direttive della sicurezza e della prudenza. Secondo Hemingway, in *Death in the Afternoon* (1932): «La sifilide fu la malattia dei crociati nel Medio Evo. Si ritenne por-

Parlare di preservativi e di aghi puliti viene percepito come occasione per giustificare e favorire i rapporti sessuali illeciti e i prodotti chimici illegali. (E in un certo senso è proprio cosí. L'educazione alla difesa dell'Aids ammette, dunque tollera, la varietà di espressione della pulsione erotica). È improbabile invece che le società europee, meno orientate all'ipocrisia sul sesso, a livello di pubbliche dichiarazioni, invitino alla castità come mezzo di prudenza. «Fate attenzione. Aids». Oppure «Aids. Non morite d'ignoranza». Il significato preciso di queste affermazioni generiche, che compaiono da anni negli appositi spazi pubblicitari per le strade e negli spot televisivi di tutta l'Europa occidentale, è questo: usate i preservativi. Ma c'è un significato piú profondo in tali messaggi di invito alla precauzione, all'informazione, che favorirà e sosterrà l'accoglienza di questo servizio pubblico. Uno dei sistemi per oggettivare un evento è quello di *esprimerlo* piú volte. Nella fattispecie, esprimerlo piú volte vuol dire imprimere la coscienza del rischio, dunque la necessità di essere prudenti, che è prioritaria e sostituisce qualsiasi altra raccomandazione specifica.

Esiste, ovviamente, un'enorme divario tra l'eterna ipocrisia ufficiale e la disposizione libertina nei confronti del sesso tanto di moda negli ultimi decenni. L'opinione che le malattie trasmesse sessualmente non siano gravi ha la sua massima diffusione negli anni '70,

tata in Europa da loro, ed è la malattia di tutti coloro che conducono una vita dominata dal disprezzo delle conseguenze. È l'incidente che possono aspettarsi quanti conducono una vita sessuale irregolare, e per il loro abito mentale preferiscono correre il rischio che usare profilassi, ed è una fine, o meglio una fase, prevedibile della vita di tutti i fornicatori che protraggono sufficientemente la carriera» (trad. it. Einaudi, Torino 1974, p. 85).

che è anche il periodo in cui molti omosessuali maschi si sono ricostituiti in una sorta di gruppo etnico – la cui peculiarità folklorica era la bramosia sessuale – e le istituzioni di vita omosessuale urbana divennero un sistema di produzione e distribuzione di rapporti sessuali, di una rapidità, quantità ed efficienza senza precedenti. La paura dell'Aids impone una pratica molto piú moderata del desiderio sessuale, e non solo tra gli omosessuali maschi. Negli Stati Uniti il comportamento sessuale nel periodo che precede il 1981 appare oggi alla borghesia americana come una perduta età dell'innocenza – innocenza sotto l'aspetto della licenziosità, ovviamente. Dopo vent'anni di consumismo sessuale, di speculazione sessuale, di inflazione sessuale, siamo ora giunti alle prime fasi di ristagno. Lo sguardo retrospettivo verso la cultura sessuale degli anni '70 è stato paragonato a quello rivolto all'età del jazz alla luce del crollo del 1929.

Una parte dei messaggi che la nostra società ci rimanda sono: Consumate, Crescete, Fate ciò che desiderate, Divertitevi. Il funzionamento stesso del sistema economico che ha concesso queste libertà senza precedenti, soprattutto sotto forma di mobilità fisica e benessere materiale, si basa sull'incoraggiamento a sfidare i limiti: il desiderio *deve* essere smodato. L'ideologia del capitalismo ci rende tutti buoni intenditori di libertà, di una indefinita espansione delle possibilità. Non c'è pubblicistica che non offra prima di tutto la libertà o un'estensione di essa. Non una libertà qualsiasi, naturalmente. Nei paesi ricchi, si è arrivati a identificare sempre di piú la libertà con la «soddisfazione personale»: una libertà, cioè, da godersi da soli (o come se si fosse soli). Da qui ha origine gran parte del recente discorso sul corpo, sotto un profilo nuovo che lo vede come strumento con cui avviare, in misura crescente, vari programmi di auto-miglioramento e di potenziamento delle proprie capacità. Considerati gli imperativi che spingono al consumo e il valore praticamente indiscusso dell'espressione del sé, la sessualità non può *non* diventare, per alcuni, una opzione da consumatore: un esercizio di libertà, di maggiore mobilità, di rifiuto delle limitazioni. Lungi dall'essere un'invenzione della sottocultura dei maschi omosessuali, la sessualità ricreativa, ritenuta priva di rischi, è invece una reinvenzione della cultura capitalistica, avallata dalla medicina. L'avvento dell'Aids sembra aver mutato in maniera irrevocabile questo stato di cose.

L'Aids esalta la forza di messaggi diversi ma complementari, che vengono percepiti in misura crescente da coloro che piú sono avvezzi a dedicarsi ai propri piaceri, attratti da programmi di auto-gestione e autodisciplina (dieta, esercizio fisico). Controllate la dieta. Abbiate cura di voi stessi. Non lasciatevi andare. Le restrizioni ci sono sempre state nei riguardi dell'indulgenza verso certi desideri in nome della salute o dell'aspetto fisico: restrizioni autoimposte volontariamente, un esercizio della propria libertà dunque. La catastrofe dell'Aids suggerisce l'immediata *necessità* della limitazione, della costrizione per il corpo e per la coscienza. Ma la risposta all'Aids è qualcosa di piú di una risposta di reazione, di piú di una risposta spaventata, e quindi appropriata, a un pericolo molto serio. Essa esprime anche un desiderio concreto: il desiderio di restrizioni piú severe che regolino la condotta personale. C'è nella nostra cultura una diffusa tendenza, una sensazione da fine-di-un'era, che l'Aids sta rafforzando; un logoramento, per molti, degli ideali puramente laici – quegli ideali che sembravano incoraggiare la licenziosità o per lo meno non la reprimevano – che è il terreno su cui si colloca la reazione all'Aids. Il comportamento che l'Aids incoraggia fa parte di un piú ampio e grato ritorno a ciò che viene percepito come «convenzione», come il ritorno alla figura e al paesaggio, alla tonalità e alla melodia, alla trama e al personaggio e ad altre cose ripudiate con sdegno dal modernismo. La riduzione dell'imperativo di promiscuità nella borghesia, lo sviluppo dell'ideale di monogamia, di vita sessuale prudente, contraddistingue nello stesso modo una città come Stoccolma, che ha un numero di casi di Aids molto esiguo, e New York, dove la malattia può giustamente essere considerata di proporzioni epidemiche. La reazione all'Aids, in parte perfettamente razionale, amplifica un interrogativo molto diffuso che si è andato via via intensificando durante gli anni '70 e si riferisce a molti tra gli ideali (e rischi) della modernità illuminata; e il nuovo realismo sessuale procede insieme alla riscoperta delle gioie della musica tonale, di Bouguereau, di una carriera in banca, dei matrimoni celebrati in chiesa.

È improbabile che il crescente panico suscitato dai rischi della sessualità ricreativa e commercializzata, diminuisca le attrattive verso altri generi di consumo: si prevede che al posto dell'Eros Center di Amburgo sorgeranno, nello stesso edificio, numerose boutique. Le relazioni sessuali si possono avere solo con le dovute precauzioni. Il consumo abituale di droga, che elevava il potenziale delle energie per il lavoro intellettuale e per la conversazione (il fenomeno che emerse inoltre negli anni '70 fu l'uso della cocaina tra la borghesia), ha svolto un proprio ruolo nella preparazione al neo-celibato e al calo della spontaneità sessuale, tipica di questo decennio, tra le persone colte. La tecnologia procura nuovi e popolari mezzi per stimolare il desiderio mantenendolo sicuro, il piú possibile mentale: ne è un esempio la dissolutezza organizzata commercialmente per telefono (e in Francia dal «Minitel») che offre una variante di rapporti sessuali promiscui e anonimi, senza lo scambio di secrezioni sessuali. E censure per impedire il contatto si verificano anche nel mondo del computer. Si raccomanda agli utenti di considerare ciascun pacchetto di software come «potenziale portatore» di virus: «Non inserite mai un dischetto nel vostro computer senza verificarne la provenienza». I cosiddetti programmi-vaccino presenti sul mercato pare che offrano una qualche protezione, ma l'unico metodo sicuro per debellare la minaccia dei virus dei computer, dicono gli esperti, è quello di non scambiarsi i programmi e i dati. E cosí la cultura del consumo potrà addirittura essere stimolata dagli avvertimenti, rivolti ai consumatori di tutti i generi di beni e servizi, a essere piú prudenti e piú egoisti, perché queste paure richiederanno un ulteriore aumento della produzione di beni e servizi.

8.

Le epidemie di malattie particolarmente temute provocano sempre una reazione contro l'indulgenza o la tolleranza – oggi identificate con la trascuratezza, la debolezza, il disordine, la corruzione: insomma, ciò che è insalubre. Giungono richieste di far sottoporre tutti alle «analisi», di isolare i malati e coloro che si sospetta siano malati o possano trasmettere la malattia, e di innalzare barriere per difendersi dalla contaminazione reale o presunta da parte degli stranieri. Quelle società che sono già governate come se fossero presidî militari, ad esempio la Cina (con un numero di casi manifesti molto esiguo) e Cuba (con un numero significativo di malati), reagiscono in maniera piú rapida e perentoria. L'Aids è per tutti il cavallo di Troia: sei mesi prima delle Olimpiadi del 1988, il governo sud-coreano annunciava che sarebbero stati distribuiti preservativi gratuitamente a tutti i partecipanti stranieri. «Questa è una malattia solamente straniera e l'unico modo per impedire la sua diffusione è quello di interrompere i contatti di tipo sessuale tra gli indiani e gli stranieri», ha dichiarato il direttore generale del Consiglio indiano per la ricerca medica, ammettendo in tal modo la totale mancanza di difese di una popolazione che si avvicina al miliardo e per la quale *non* c'è al momento personale ospedaliero specializzato, né tantomeno esistono centri terapeutici specifici per l'Aids. Il divieto sessuale da imporre con le multe e con il carcere non è certamente meno improponibile, come mezzo per tenere a freno le malattie trasmesse sessualmente, di quanto lo siano le piú comuni proposte di quarantena, ovvero di detenzione. Durante la prima guerra mondiale l'incarcerazione in campi di detenzione circondati da filo spinato di circa trentamila donne americane, prostitute o persone sospettate di esserlo – col dichiarato proposito di controllare la sifilide tra le reclute dell'esercito – non provocò nessuna caduta nella percentuale di contagio dei militari, esattamente come l'incarcerazione durante la seconda guerra mondiale di decine di migliaia di americani di origine giapponese, ritenuti potenziali traditori e spie, non riuscí probabilmente a sventare neppure un solo atto di spionaggio o di sabotaggio. Questo non vuol dire che simili proposte non verranno fatte per l'Aids o che non troveranno appoggio (e non solo dalle persone piú prevedibili). Se il sistema medico è stato finora, nel complesso, un baluardo di buon senso e razionalità – con il rifiuto anche soltanto di contemplare programmi di quarantena e di detenzione – ciò può essere dovuto, in parte, al fatto che le dimensioni delle crisi appaiono limitate e l'evoluzione della malattia poco chiara.

L'incertezza sulla capacità di diffusione della malattia – il tempo che impiegherà e i soggetti che colpirà – resta un punto centrale del dibattito pubblico sull'Aids. Man mano che si diffonderà in tutto il mondo, rimarrà in gran parte circoscritta alle popolazioni marginali – ovvero ai cosiddetti gruppi a rischio, e in seguito a grandi frange della popolazione urbana povera? Oppure diventerà alla fine la classica pandemia che colpirà intere regioni? Di fatto, entrambe le tesi vengono sostenute contemporaneamente. A una marea di dichiarazioni e articoli che affermano che l'Aids minaccia tutti quanti, ne segue un'altra che sostiene invece che si tratta di una malattia che colpisce «loro» e non «noi». All'inizio del 1987, il Responsabile alla Sanità e ai Servizi Sociali degli Stati Uniti profetizzò che l'epidemia mondiale dell'Aids avrebbe alla fine fatto apparire la Morte Nera – la piú grande epidemia mai registrata, che sterminò gran parte della popolazione europea in una proporzione che si aggira tra un terzo e la metà – «pallida, al confronto». Alla fine dell'anno dichiarò: «Questa non è un'epidemia massiccia e cosí estesamente diffusa tra gli eterosessuali come molti temono». Ancora piú impressionante di questo carattere ciclico del dibattito pubblico sull'Aids è la prontezza di cosí tante persone di prefigurarsi la piú grande catastrofe.

Si moltiplicano, negli Stati Uniti e nell'Europa occidentale, le rassicurazioni sul fatto che «la popolazione normale» è salva. Ma «la popolazione normale» può essere una frase fatta per i bianchi come lo è per gli eterosessuali. Tutti sanno che un numero enorme di neri contraggono l'Aids, che c'è un numero enorme di neri nell'esercito e un numero ancora piú elevato nelle prigioni. «Il virus dell'Aids è contro la parità nel lavoro», era lo slogan di una recente campagna per la ricerca di fondi, organizzata dalla Fondazione Americana per la Ricerca sull'Aids. Con un gioco di parole su «parità di lavoro per tutti», la frase riafferma subliminalmente ciò che intende negare, ovvero che l'Aids è una malattia che negli Stati Uniti colpisce le minoranze, siano esse razziali o sessuali. E per quanto riguarda la sconcertante previsione fatta di recente dall'Organizzazione Mondiale della Sanità che, salvo l'improbabile rapido progresso nella preparazione di un vaccino, ci saranno nei prossimi cinque anni da dieci a venti volte piú casi di Aids di quanti ce ne siano stati nell'ultimo quinquennio, si presume che per la stragrande maggioranza saranno africani.

L'Aids divenne rapidamente un evento globale – discusso non solo a New York, Parigi, Rio, Kinshasa, ma anche a Helsinki, Buenos Aires, Pechino e Singapore – quando era lungi dall'essere una delle cause principali di morte in Africa, e ancor meno nel resto del mondo. Ci sono malattie famose, cosí come ci sono paesi famosi, che non sono necessariamente quelli piú popolati. L'Aids non è diventata cosí famosa solo perché colpisce anche i bianchi, come affermano con amarezza alcuni africani. Ma è pur certamente vero che se l'Aids fosse solo una malattia africana e seppure morissero milioni di persone, pochi, fuori dall'Africa, se ne interesserebbero. Sarebbe uno di quegli eventi «naturali», come le carestie, che periodicamente devastano i paesi poveri e sovrappopolati e su cui la popolazione dei paesi ricchi si sente del tutto impotente. Poiché è un evento mondiale – vale a dire, poiché colpisce l'Occidente – non viene visto solo come una calamità naturale. Ha anche un significato storico. (Fa parte dell'autodefinizione dell'Europa e dei paesi neo-europei che il Primo Mondo sia il luogo dove le piú gravi calamità fanno la storia, la trasformano; mentre nei paesi poveri, africani o asiatici, esse sono costitutive di un ciclo, quindi un fatto naturale). Né si può dire che l'Aids sia stata cosí pubblicizzata perché, come hanno suggerito alcuni, nei paesi ricchi la malattia ha colpito un gruppo di persone le quali erano tutti uomini, quasi tutti bianchi, molti dei quali colti, o in grado di formulare chiaramente i loro discorsi oltre che bene informati su come manovrare e organizzare l'attenzione pubblica e i mezzi di comunicazione riguardo la malattia. L'Aids ricopre un ruolo cosí considerevole nella nostra coscienza soprattutto per ciò che sta a rappresentare: sembra infatti il modello per eccellenza delle catastrofi che le popolazioni privilegiate sentono che toccheranno loro in sorte.

Ciò che prevedono i biologi o gli addetti alla sanità pubblica è ben peggiore di ciò che si può immaginare o di ciò che la società (e l'economia) possono tollerare. Nessun funzionario responsabile riserva la minima speranza sulla capacità delle economie e dei servizi sanitari africani di affrontare la diffusione della malattia prevista per il prossimo futuro; mentre ogni giorno si possono leggere le piú disastrose stime sul costo dell'Aids nel paese che ha riportato il maggiore numero di casi, vale a dire gli Stati Uniti. Si parla di cifre incredibili come spesa prevista per rifornire le cure minime a quelli che si ammaleranno nell'arco di pochi anni (sempre che le rassicurazioni alla «popolazione normale» siano giustificate: un'ipotesi, questa, molto dibattuta nell'ambito della comunità medica). La discussione negli Stati Uniti – e non solo negli Stati Uniti –, è un discorso in termini di emergenza nazionale: «ne va forse della sopravvivenza del paese». Un editorialista del «New York Times» l'anno scorso intonò: «Tutti conoscono la verità, ciascuno di noi. Viviamo al tempo di una pestilenza, di quelle che non hanno mai visitato la nostra nazione. Possiamo fingere che non esista o che esista per gli altri e andare avanti come se non lo sapessimo...» E un manifesto francese raffigura un gigantesco ammasso nero simile a un Ufo che volteggia nel cielo e oscura con i suoi raggi, simili alla tela di un ragno, gran parte del paese sottostante, dalla familiare forma esagonale. Sopra questa immagine appare la scritta: «Dipende da ciascuno di noi cancellare quell'ombra». E sotto appare: «La Francia non vuole morire di Aids». Tali appelli simbolici di mobilitazione di massa per far fronte a una minaccia senza precedenti appaiono, a intervalli frequenti, in ogni società. È altresí tipico della società moderna che la richiesta di mobilitazione si mantenga su un livello di generalità e che la concretezza della risposta non raggiunga pienamente ciò che sembra essere richiesto per andare incontro alla sfida nei confronti di una minaccia che mette in pericolo la nazione. Questo tipo di retorica ha una vita sua propria: ha una certa utilità se mantiene semplicemente in circolazione un ideale di pratica comunitaria unificante, che è però contraddetto contemporaneamente dall'accumulazione capitalistica e da svaghi che isolano, imposti ai cittadini di una moderna società di massa.

Si dice che sia in gioco la sopravvivenza della nazione, della società civilizzata, del mondo stesso – affermazioni che tipicamente contribuiscono a creare un pretesto per la repressione. (Un'emergenza richiede «misure drastiche», ecc.). La retorica da fine-del-mondo che l'Aids ha evocato fornisce inevitabilmente un tale pretesto. Ma fa anche qualcos'altro: offre una contemplazione stoica e alla fine paralizzante della catastrofe. Stephen Jay Gould, l'eminente storico della scienza di Harvard, ha dichiarato che la pandemia di Aids può essere classificata, insieme agli armamenti nucleari, «come il piú grande pericolo della nostra epoca». Ma anche se uccidesse un quarto della razza umana – una prospettiva che Gould ritiene possibile – «ne rimarrebbero ancora abbastanza e potremmo ricominciare da capo». Sprezzante delle geremiadi dei moralisti, uno scienziato razionale e sensibile propone una consolazione minima: un'apocalisse che non ha alcun significato. L'Aids è un «fenomeno naturale», non un avvenimento «con un significato morale», fa rilevare Gould: «non c'è alcun messaggio nella sua diffusione». Ovviamente, è atroce attribuire significato, nel senso di giudizio morale, alla diffusione di una malattia infettiva. Ma forse è solamente un po' meno atroce essere invitati a contemplare una mortalità di cosí vaste proporzioni con equanimità.

Buona parte del dibattito pubblico della nostra epoca, quello dalle buone intenzioni, esprime un desiderio di chiarezza sui vari pericoli che potrebbero condurre alla catastrofe totale. Adesso se ne aggiunge ancora uno. Alla morte degli oceani, dei laghi e delle foreste, alla crescita incontrollata delle popolazioni delle regioni povere del mondo, agli incidenti nucleari come quello di Chernobyl, al perforamento e all'esaurimento dello strato di ozono, all'eterna minaccia del confronto nucleare tra le superpotenze o dell'attacco nucleare da parte di uno degli stati isolati che non sono sotto il controllo di una superpotenza – a tutto questo, ora si aggiunge l'Aids. Durante il conto alla rovescia verso il Duemila può essere inevitabile un incremento dell'ideologia apocalittica. Tuttavia la gran quantità di fantasie di destino tragico che l'Aids ha ispirato, non si può spiegare come una questione di puro calendario e neppure con il pericolo, pur molto serio, che la malattia rappresenta. C'è anche il bisogno di uno scenario apocalittico, un bisogno caratteristico della società «occidentale» e forse ancora di piú degli Stati Uniti. (L'America, come qualcuno ha detto, è una nazione con un animo religioso – una religione evangelica, incline a fare annunci di fini radicali e di rinascite totali). Il gusto per gli scenari apocalittici riflette il bisogno di dominare la paura di ciò che è sentito come incontrollabile. Esprime anche una complicità sul piano immaginativo con il disastro. La sensazione del logoramento culturale o del fallimento provoca il desiderio di spazzare via tutto, di fare tabula rasa. Nessuno, ovviamente, desidera una pestilenza. Ma, ecco, sarebbe l'occasione per ricominciare. E ricominciare di nuovo, questo sí, è tipicamente moderno, ma anche tipicamente americano.

L'Aids potrebbe forse aumentare la propensione ad

assuefarsi alle prospettive di annientamento globale che lo sviluppo degli armamenti nucleari ha già incoraggiato. Con l'inflazione della retorica apocalittica aumenta l'irrealtà dell'apocalisse. Uno scenario tipicamente moderno: l'apocalisse si profila senza mai avverarsi. Con l'Aids, sembra di essere alle prese con una delle possibili apocalissi della nostra era. Ce n'è ad esempio un'altra che non accade, la cui conseguenza rimane avvolta nel mistero: i missili che girano intorno alla terra sopra le nostre teste, con una carica nucleare che potrebbe distruggere tutte le forme di vita piú e piú volte, e che non è esplosa. Ci sono poi quelle che accadono sotto i nostri occhi, – e anche in questi casi sembra che non si siano finora verificate – come il gigantesco indebitamento del Terzo Mondo, la sovrappopolazione, la morte ecologica; e infine quelle che accadono e poi (ci dicono) non accadono – come il crollo della borsa nell'ottobre 1987, che è stato un «disastro», come quello dell'ottobre 1929, ma poi non lo è stato. L'apocalisse è oggi una lunga storia a puntate: non piú *Apocalypse Now*, ma *Apocalipse From Now On*, cioè d'ora in poi. L'apocalisse è diventata un evento che si verifica e nello stesso tempo non si verifica. Può darsi che alcuni degli eventi piú temuti, come quelli che comportano la distruzione irreparabile dell'ambiente, siano già accaduti. Ma non lo sappiamo ancora o perché i criteri di giudizio sono cambiati, o perché non abbiamo indicatori adeguati per misurare la catastrofe. O, infine, semplicemente perché questa è una catastrofe che avanza lentamente. (O *dà l'impressione* di procedere al rallentatore, perché sappiamo della sua esistenza e possiamo anticiparla; e adesso dobbiamo attendere che accada, per poterla acchiappare e provare ciò che pensiamo di sapere).

La vita moderna ci abitua a convivere con la continua consapevolezza di sciagure tremende e inimmaginabili – ma, ci dicono, molto probabili. Ogni evento importante è infestato di fantasmi, e non solo perché ne viene rappresentata l'immagine (uno sdoppiamento della realtà ormai vecchio, che cominciò nel 1839, con l'invenzione della macchina fotografica). Al di là della simulazione fotografica o elettronica degli avvenimenti, c'è anche il calcolo di cosa succederà alla fine. La realtà si è sdoppiata nell'oggetto reale e nella versione alternativa di esso. C'è l'evento e la sua immagine. E c'è l'evento e la sua proiezione. Ma cosí come gli eventi reali spesso, per la gente, sembrano non avere maggiore realtà delle immagini e sembrano avere bisogno della conferma delle loro immagini, allo stesso modo la nostra reazione agli avvenimenti del presente cerca conferma, con i dovuti calcoli, in uno schema mentale attraverso il quale operiamo una proiezione definitiva dell'avvenimento stesso.

La tendenza a proiettarsi nel futuro è l'atteggiamento mentale – e la corruzione intellettuale – che contraddistingue questo secolo, cosí come quella di proiettarsi nel passato – come rilevò Nietzsche – dominò il pensiero dell'Ottocento. Riuscire a prevedere come si evolveranno le cose nel futuro, è il corollario inevitabile di una forma piú sofisticata (quantificabile e verificabile) di comprensione del processo sociale e scientifico. La capacità di proiettare gli eventi nel futuro con una certa esattezza ha esteso il potere, perché è stata un'immensa fonte di insegnamenti nuovi su come affrontare il presente. In realtà oggi lo sguardo rivolto al futuro, con la straordinaria quantità di conoscenze a nostra disposizione, si è tramutato in una visione catastrofica. Ogni processo è una prospettiva e invita a una previsione, sostenuta dalle statistiche. Ad esempio: il numero attuale... fra tre anni, fra cinque, fra dieci... e (inevitabilmente) alla fine del secolo. Qualsiasi cosa, nella storia o nella natura, che può essere descritto come in costante mutamento, può anche essere visto in corsa verso la catastrofe. (Sia nel caso dell'infinitamente piccolo che si riduce ulteriormente: il deperimento, la consunzione, l'entropia; sia dell'infinitamente grande, ancora piú grande di quanto si possa controllare o concepire: la crescita incontrollabile). Gran parte delle dichiarazioni degli esperti sul futuro contribuisce a creare questo doppio senso della realtà (al di là della duplicità a cui siamo abituati per il generale sdoppiamento di qualsiasi oggetto nella sua immagine). C'è il presente, ciò che accade ora. E vi è ciò che esso presagisce: l'imminente, non ancora reale e neppure realmente afferrabile, disastro.

In realtà ci sono due tipi di disastro. E poi, tra i due, c'è il luogo in cui si dibatte l'immaginazione. La differenza tra l'epidemia in atto e la pandemia che ci viene prospettata (secondo le correnti estrapolazioni statistiche) assomiglia alla differenza che passa tra le guerre attuali (le cosiddette guerre regionali) e quelle infinitamente piú terribili che potrebbero accadere – con tutte le caratteristiche della fantascienza –, quelle che costituiscono un tipo di attività cui la gente si dedica per divertirsi, vale a dire i giochi elettronici. Perché a prescindere dalla vera epidemia con il suo inesorabile aumento del tasso di decessi (le statistiche vengono rese note settimanalmente, mensilmente, dalle organizzazioni nazionali e internazionali della sanità), esiste un tipo di disastro qualitativamente diverso, ancora piú grande, di cui pensiamo sia che potrà verificarsi, sia che non sarà possibile. Non è cambiato nulla da quando le stime piú terribili sono state temporaneamente ridimensionate (che è un aspetto accidentale del risultato delle statistiche diffuse dai burocrati della sanità e dai giornalisti). Come le previsioni demografiche, che sono probabilmente altrettanto esatte, la grande notizia è di solito negativa.

Il proliferare di resoconti o previsioni dell'irreale (vale a dire, inconcepibile) eventualità di un Giorno del Giudizio, tende a produrre una molteplicità di reazioni che smentiscono la realtà stessa. Cosí, in quasi tutte le discussioni sulla guerra nucleare, essere razionali (questa è la definizione che gli esperti dànno di sé) significa non riconoscere la realtà umana: mentre valutare emotivamente anche solo una piccola parte di ciò che è in gioco per l'umanità (la tendenza di coloro che si considerano minacciati) significa insistere su richieste poco realistiche di eliminazione rapida del pericolo. Questa spaccatura dell'atteggiamento pubblico – nella disumanità e nella troppa umanità – è molto meno rigida nel caso dell'Aids. Gli esperti denunciano gli stereotipi attribuiti alle persone affette da Aids e al continente dove si presume che si sia originata, e affermano che la malattia interessi una popolazione ben piú ampia dei gruppi inizialmente a rischio e al mondo intero, non solo all'Africa [1]. Perché mentre l'Aids ha rivelato, in maniera poco sorprendente, di essere una delle malattie piú cariche di significato, insieme alla lebbra e alla si-

[1] «L'epidemia di Aids non si può fermare, in nessun paese, se non si ferma ovunque», dichiarò Halfdan Mahler (il responsabile uscente di Ginevra dell'Organizzazione Mondiale della Sanità) alla quarta conferenza internazionale sull'Aids, tenutasi a Stoccolma nel giugno 1988, il cui tema centrale riguardava il carattere mondiale della crisi causata dall'Aids. «Questa epidemia è diffusa in tutto il mondo e non risparmia nessun continente», ha dichiarato Willy Rozenbaum, esperto francese. «Non si può controllare nell'Occidente, se non viene sconfitta in tutto il mondo». In opposizione alla retorica della responsabilità universale, una caratteristica che emerge dalle conferenze internazionali è l'idea, che si sente sempre piú spesso, secondo la quale l'Aids è una sorta di prova darwiniana sulle capacità di sopravvivenza di una società, che potrebbe esigere l'eliminazione di quei paesi che non riescono a difendersi. Un'esperta tedesca, Elke Brigitte Helm, ha dichiarato che «si può rilevare che in alcune parti del mondo l'Aids muterà drasticamente la struttura della popolazione. In particolare, in Africa e in America latina. Una società che non riesce, in un modo o nell'altro, a prevenire la diffusione dell'Aids ha ben poche prospettive per il futuro».

filide, ci sono evidentemente ostacoli all'impulso di attribuire un marchio d'infamia ai malati. La malattia è un deposito talmente adatto alle paure piú generali della gente circa il futuro, da rendere per certi versi, infruttuosi i tentativi di assegnare la malattia a un gruppo deviante o a un continente nero.

Al pari degli effetti dell'inquinamento industriale e del nuovo sistema di mercati finanziari globali, la crisi dell'Aids è la dimostrazione di un mondo in cui nulla di ciò che è importante è regionale, locale, limitato; in cui circola qualunque cosa sia possibile far circolare, e ogni problema è, o è destinato ad essere, di diffusione mondiale. Circolano i beni di consumo (comprese le immagini, i suoni e i documenti che possono anzi circolare nel modo piú veloce possibile, cioè elettronicamente). Circolano i rifiuti: gli scarichi industriali velenosi di St. Étienne, Hannover, Mestre e Bristol vengono depositati sulle città costiere dell'Africa occidentale. La gente viaggia come mai prima d'ora. E cosí le malattie. Dai viaggi aerei di piacere e di lavoro per i privilegiati, alle migrazioni senza precedenti dei non privilegiati dai paesi alle città e, legalmente e non, da nazione a nazione – insomma, tutta questa mobilità fisica e possibilità di interconnessione (con la conseguenza dello scioglimento dei vecchi tabú sociali e sessuali) è altrettanto vitale al perfetto funzionamento dell'economia avanzata (o mondiale) capitalistica come lo è la facile trasmissibilità dei prodotti, delle immagini e del meccanismo finanziario. Ma il fatto che oggi gli spazi siano piú strettamente connessi gli uni agli altri, dal punto di vista non solo personale ma sociale e strutturale, comporta una minaccia alla salute che è a volte descritta come una minaccia alla specie stessa; e la paura dell'Aids è tutt'uno con l'attenzione rivolta ad altri disastri che si parano davanti a noi e che sono il sottoprodotto della società avanzata, in particolare quelli che rivelano la degradazione dell'ambiente su scala mondiale. L'Aids è allora uno dei messaggeri antiutopici del villaggio globale, di quel futuro che è già qui ed è sempre prima di noi, che nessuno sa come rifiutare.

Il fatto che si possa inserire persino l'apocalisse in un normale orizzonte di aspettative, costituisce una violenza senza pari che viene inflitta al nostro senso della realtà, alla nostra umanità. Ma è senz'altro auspicabile che una malattia specifica e temutissima appaia, alla fine, comune. Anche la malattia piú carica di significato può diventare una semplice malattia. È accaduto con la lebbra, anche se circa dieci milioni di persone nel mondo – cosa facile da ignorare, perché tanto vivono quasi tutti in Africa e nel subcontinente indiano – sono affetti da ciò che viene ora chiamata, come contributo a una salutare sdrammatizzazione, morbo di Hansen (dal nome del medico norvegese che, piú di un secolo fa, scoprí il bacillo che la provoca). Ciò accadrà di sicuro anche con l'Aids, quando la malattia sarà molto meglio conosciuta e, soprattutto, curabile. Per quanto riguarda il presente, molto, nel senso di esperienza individuale e di condotta sociale, dipende dalla battaglia per l'appropriazione retorica della malattia: da come ci si impadronisce di essa e da come viene assimilata nelle discussioni e nei luoghi comuni. L'annoso, apparentemente inesorabile processo per mezzo del quale le malattie acquistano significato (assurgendo a luogo delle paure piú profonde) e infliggono il marchio d'infamia, è sempre degno di essere sfidato e sembra avere una credibilità piú limitata nel mondo moderno, tra la gente disposta a essere moderna (il processo è ora sotto sorveglianza). Con l'Aids, una condizione che provoca cosí tanta colpa e vergogna, lo sforzo di allontanarla da queste sovrastrutture semantiche, da queste metafore, sembra particolarmente liberatorio, persino consolatorio. Ma le metafore non possono essere messe alla porta semplicemente astenendosi dall'usarle. Devono essere smascherate, criticate, attaccate, demolite.

Non tutte le metafore attribuite alle malattie e alla cura di esse sono spiacevoli e deformanti allo stesso modo. Quella che io sono impaziente di veder scomparire – oggi, con la manifestazione dell'Aids, piú che mai – è la metafora militare. Certo il suo contrario, il modello medico del bene pubblico, è probabilmente piú pericoloso e ha conseguenze di piú vasta portata, poiché non solo fornisce una giustificazione al regime autoritario, ma suggerisce implicitamente la necessità della repressione di stato e della violenza (l'equivalente della rimozione chirurgica o il controllo chimico delle parti del corpo politico giudicate offensive e malsane). Ma l'effetto di immagini belliche per pensare malattia e salute è non privo di gravi conseguenze. Mobilita all'eccesso, descrive fin nei minimi dettagli e contribuisce fortemente alla scomunica e alla stigmatizzazione dei malati.

No, non è auspicabile che la medicina, come la guerra, diventi «totale». Né la crisi provocata dall'Aids può essere «totale». Nessuno ci sta invadendo. Il corpo non è un campo di battaglia. I malati non sono né le vittime né il nemico. Noi – la scienza medica, la società – non siamo autorizzati a passare al contrattacco con qualunque mezzo... E per quanto riguarda la metafora in questione, quella militare, io direi, se mi è concesso parafrasare Lucrezio: rendetela a chi fa la guerra.

Stampato per conto della Casa editrice Einaudi
presso la Nuova Oflito, Mappano (Torino)

C.L. 11529

Ristampa	Anno
0 1 2 3 4 5 6 7 8	89 90 91 92 93 94 95